D0249717

DÉCOUVERTE
DU POÈME

DÉCOUVERTE DU POÈME

Introduction à
l'explication de textes

◦§ MICHELINE DUFAU
UNIVERSITY OF MASSACHUSETTS

◦§ ELLEN D'ALELIO
NEW YORK UNIVERSITY

Holt, Rinehart and Winston, Inc.
Fort Worth Chicago San Francisco Philadelphia
Montreal Toronto London Sydney Tokyo

ACKNOWLEDGMENTS

Permission to use copyright materials is hereby gratefully acknowledged:

To Editions Gallimard for permission to use "Le Pont Mirabeau" and "Automne," from *Alcools*, by Guillaume Apollinaire; "Poème à la mystérieuse," from *Corps et biens*, and "Le Dernier Poème," by Robert Desnos; "Déjeuner du matin," "Le Message," and "Familiale," from *Paroles*, by Jacques Prévert; and "Les Pas," from *Charmes*, by Paul Valéry. © Editions Gallimard, tous droits réservés.

LIBRARY OF CONGRESS CATALOG CARD NUMBER: 66-28288

ISBN: 0-15-517290-5

Copyright © 1967 by Holt, Rinehart and Winston, Inc.

All rights reserved. No part of this publication may be reproduced or transmitted in any form or by any means, electronic or mechanical, including photocopy, recording, or any information storage and retrieval system, without permission in writing from the publisher.

Requests for permission to make copies of any part of the work should be mailed to the Copyrights and Permissions Department, Holt, Rinehart and Winston, Inc., 6277 Sea Harbor Drive, Orlando, Florida 32887.

Address for editorial correspondence: 301 Commerce Street, Suite 3700, Fort Worth, TX 76102

Address for orders: 6277 Sea Harbor Drive, Orlando, Florida 32887.
1-800-782-4479, or 1-800-433-0001 (in Florida)

PRINTED IN THE UNITED STATES OF AMERICA

9 0 1 2   0 2 3   9 8

Holt, Rinehart and Winston, Inc.
The Dryden Press
Saunders College Publishing

Un beau vers renaît indéfiniment de ses cendres, il redevient, — comme l'effet de son effet, — cause harmonique de soi-même.

ৼ PAUL VALÉRY
Préface aux Commentaires de « Charmes », par Alain.

ᵛᵛᵛ§ Preface

Students are likely to ask, "Why should a poem be explicated if the reader 'appreciates' it when he first encounters it?" The answer is that the intelligent and sensitive reader derives an even greater pleasure from thorough knowledge of a work than from a cursory acquaintance with it. Understanding what the artist has tried to do and how he went about achieving his purpose increases one's enjoyment of his poem. Explication is a challenge to a deeper awareness and appreciation.

By focusing on the relationship between language and thought, explication not only develops an ability to evaluate literary texts critically after one's vague sense on first reading, but also strengthens the student's knowledge of the language itself. Analysis of grammatical structure, nuances of vocabulary, and stylistic devices heightens awareness, and class discussion based on such prior preparation encourages the use of spoken French to express concepts and ideas.

The technique we offer here is a way of organizing an explication of a poem or prose passage that we have tried and found successful. It is not, of course, the only possible organization, but we find that it answers the need of beginners by providing them with a specific framework within which to state their critical observations and perceptions.

The book proceeds from the general to the specific. After a brief introduction to the student in English, there is a chapter on the structure of the explication and the questions that could be asked about any text. This is followed by a chapter—intentionally kept elementary—on French versification and by a brief English–French glossary of literary terms to aid the student in the preparation of his explications.

The text proper—the poetry for explication—is divided into three parts. The first part contains five poems, each with specific questions and a sample explication. The second part contains eighteen poems, each with questions. The third part contains eleven additional poems, with no apparatus; at this stage the student will be able to supply his own questions, which he will answer in preparing his explication. Within each of the three parts the poems are grouped in order of difficulty of interpretation rather than in order of difficulty of language. Individual instructors may, of course, wish to change this order in making their assignments.

The questions given in the first and second parts are by no means the only questions that might be asked; indeed, instructors and students may well wish to add others of their own. The same can be said of the sample explications in the first part; as models they show one way of proceeding from answering questions to the actual writing of an explication. The initial written assignment may best first be developed fully in class, so that the student will have had the benefit of class discussion of the answers and the guidance of the instructor before attempting to write his own first explication.

Only the basic information about authors and poems has been given; additional comments are made only when needed for an understanding of the text. Of course in a class in romantic poetry an explication of "Le Lac," for instance, would go into greater detail in placing the poem within its period.

The material here presented is limited to the explication of poems. The method is perhaps more helpful and desirable in the study of poetry, always the most difficult literary genre for a non-native and hence in need of the closest consideration. We have, however, included some prose poems and an example of the explication of parts of poems so that students will be able, after this introduction to the method, to make the transition to explication of appropriate prose passages from works they are reading in their intermediate or survey classes.

MICHELINE DUFAU
ELLEN D'ALELIO

viii

◄§ Contents

Prologue à l'explication

Textes avec questions et explications

Textes avec questions

ᵈ Introduction
to the Student

The *explication de textes* is a method of literary analysis in the sense that it entails a **structured** approach to reading a literary text, analyzing it, and expressing one's observations and perceptions about it.

In the more detailed chapter that follows, the six major divisions of the explication will be outlined in full. Before you proceed to that, however, consider carefully the steps you will follow in organizing an explication.

PREPARATORY STEP

Reading the text to be explicated is the first step in preparing an explication. Read it several times. Read it aloud. Look up in a good French dictionary every word about which you are not absolutely sure. You must be aware of all the nuances that the author could have had in mind in choosing his words. Make sure, too, that you understand the grammatical construction of the passage.

WRITING THE EXPLICATION

Allow adequate time for writing the explication. You will need time to feel at ease with the text, to appreciate fully the meaning and art of the poet. It is impossible to prepare a good explication under pressure.

Situation

The first part of the explication is a discussion of the situation of the text you are explicating. In most cases this involves a simple statement identifying the title, author, date, and volume of poetry from which the poem is taken. In some cases, however, it will be necessary to include information about the circumstances under which the poem was written. Any information of this kind that you will need has been presented with the poems in this book. If you do not find such information with certain poems, you may assume that it is not essential to your explication. Be brief and to the point in this part of the explication. This is not the place for a short history of French literature or for a biography of the poet.

Forme

The second part of the explication is a description of the form of the poem, which in a good poem is closely related to its content. As you will learn in studying the next chapter and in consulting the chapter on French versification, this part of the explication follows a set pattern that will, with practice, become automatic.

Sujet

In this part of the explication, state as concisely as possible the meaning of the poem. Although the *sujet* is presented third in a written explication, you will find that you will be able to state the *sujet* only **after** preparing the detailed analysis of the poem, because it is only through this analysis that you will come to understand the meaning of the poem.

Analyse

The fourth part of an explication is the detailed analysis of the poem. This is the most difficult part of the explication because it involves analyzing the poem line by line, often word by word, in order to discover not only what the poet is saying but how he is saying it.

The most fruitful way of preparing the *analyse* is to answer questions about the text. Why has the poet chosen **this** word rather than a more common word? Why has the poet interrupted the rhythm of the line of poetry at this particular point? Why has he described a person or object in these terms rather than others? Why has he chosen this noun, this verb, this adjective, this image, this color? Why has he used unusual word order?

How does the poet's choice of vocabulary indicate his attitude toward what he is writing? In asking yourself these and other questions and in attempting to answer them, you will become sensitive to the poet's intentions and art.

In order to do this questioning well, you must learn to relax with the text. You should not treat it as a sacred object, but should, instead, feel free to interrogate the choice of vocabulary, imagery, structure, word order, punctuation—everything the poet has used to create his poem. Do not hesitate to quote directly from the poem to illustrate your points.

The section in the next chapter devoted to the *analyse* contains a series of questions that you might apply to a text you are explicating. Obviously, every poem is different, and not all the questions will apply to each poem. The questions are therefore intended as guidelines for possible areas of investigation. You will, of course, think of other questions that are more applicable to a particular poem.

The poems presented for explication in this book are divided into three parts. In the first and second parts, each poem is accompanied by a thorough set of questions based specifically on that poem. These questions are meant to serve as guidelines in your reading of the poem and in your preparation of the *analyse*. In the first part a sample explication follows each set of questions. You will formulate your own questions and structure your own explications for the poems presented in the third part.

In answering the questions presented in the book or those you have formulated, keep in mind the following points:

1. In many cases there is more than one possible answer to a single question, just as there are several possible good explications for a single poem. It is important, however, that you base your answers to the questions and your interpretation of each poem on what you find **in the poem itself** rather than on some subjective flight of fancy. Try to present an intelligent, sensitive analysis of **what** the poet is saying and **how** he is saying it.

2. Do not be afraid to state the obvious. What seems obvious to one reader may not be obvious to another.

3. An *analyse* is **not** a résumé or paraphrase of the poem. As you will see when you begin to study the questions presented in the book, you are to point out not only the main thought of the poem, but its nuances, mode of expression, and poetic devices as well.

Conclusion

The last part of an explication is the conclusion, in which you sum up your analysis of the poem, paying particular attention to the major themes and principal techniques of the poet. In this part of the explication you may include your subjective reactions to the poem and your evaluation of the poet's success in the treatment of his subject.

❦

To sum up:

Lecture

1. Read the poem carefully.
2. Use a dictionary for secondary meanings.
3. Read the poem a number of times.
4. Read the poem out loud.

Situation

Be brief. Present only information that is pertinent to the text in question.

Forme

Follow the pattern indicated in the section on the structure of an explication. Consult the section on versification when necessary.

Sujet

State as concisely as possible the principal intention of the poet.

Analyse

1. Ask yourself questions about the text.
2. Base your answers on what you find in the text itself.
3. Do not be afraid to state the obvious.
4. Keep in mind that an *analyse* is not a résumé or paraphrase.
5. Quote directly from the text when necessary.

Conclusion

Summarize your study of the text. Present your subjective reactions to the text.

Your first several experiences with *explications de textes* will undoubtedly be difficult. You will find that with practice, however, the method of the explication will become automatic, an integral part of your reading process, and it will make your reading of any text in any language richer and more meaningful.

DÉCOUVERTE
DU POÈME

Prologue
à l'explication

~§ Structure de l'explication
et questions générales

LECTURE

Lisez le poème soigneusement. Ne laissez pas passer de mot que vous ne compreniez pas. Très souvent en cherchant un mot dans un **bon** dictionnaire, vous trouverez qu'il peut avoir plus d'une signification. Vous aurez ainsi l'occasion de choisir celle qui vous semble la meilleure dans le contexte de l'œuvre étudiée.

Lisez le poème plusieurs fois. Il est essentiel que vous connaissiez votre texte à fond pour préparer une bonne explication.

Lisez le texte à haute voix. C'est une des clés qui vous permettra d'accéder à une meilleure compréhension du poème. Cette lecture vous permettra de mieux sentir le rythme qui est un élément fondamental du ton du poème. Elle vous permettra aussi de remarquer les sons les plus marquants dont l'emploi est aussi lié au sens du texte. Un poème dans lequel l'auteur a choisi d'employer beaucoup de voyelles nasales fait un effet très différent de celui produit par un poème où dominent des voyelles comme *i* ou *é*. Dans un bon poème ces sons dominants sont en relation étroite avec la signification totale du poème. Ce n'est qu'en lisant à haute voix, en respectant la ponctuation (et, là où le poète n'a pas ponctué son œuvre, en essayant d'imaginer ce qu'elle pourrait être), que vous serez en mesure d'apprécier cette dimension essentielle de la poésie.

SITUATION

Renseignements essentiels dans l'explication
d'un poème entier

Qui est l'auteur?
Quel est le titre du poème?

Quand et dans quel recueil a-t-il été publié?

Y a-t-il des circonstances particulières qui ont joué un rôle dans la création de ce poème? (Voir « Demain, dès l'aube ».) N'insistez pas trop là-dessus.

Renseignements essentiels dans l'explication d'une partie d'un poème

Donnez les renseignements que nous venons de mentionner ci-dessus.

De quelle strophe, ou strophes, ou bien de quelle partie du poème s'agit-il?

Esquissez très brièvement ce qui précède la partie du poème que vous expliquez.

FORME

Le Genre de poème

Est-ce un poème à forme fixe? Dans ce cas quelle forme est employée? sonnet? ballade? une autre forme?

Est-ce un poème strophique? Dans ce cas combien a-t-il de strophes? Combien de vers y a-t-il dans chaque strophe?

Le poème est-il de forme libre?

Le Genre de vers

Quelle sorte de vers est employée? octosyllabe? alexandrin? un autre vers?

Le même vers est-il employé constamment?

Le vers est-il libre?

Le Genre de rime

La rime est-elle plate? embrassée? croisée?

La rime est-elle masculine? féminine?

La rime est-elle suffisante? riche? pauvre?

Le vers est-il blanc?

SUJET

Expliquez aussi brièvement que possible le but que s'est proposé le poète. Pourquoi a-t-il écrit son poème?

4

Pour le plaisir de raconter une histoire?
Pour le plaisir de faire une description?
Pour illustrer une leçon, morale ou autre?
Pour émouvoir une personne en particulier?
Pour émouvoir le lecteur?
Pour se libérer d'une pensée obsédante?
Pour exprimer une certaine vision de la vie?
Pour exprimer une certaine esthétique?
Pour exprimer un état d'âme?
Pour exprimer un art de vivre?
Pour se venger?
Pour s'amuser?
Pour se moquer de quelqu'un ou de quelque chose?
Pour faire appel à quelqu'un?
Pour le seul plaisir de créer une œuvre d'art?

ANALYSE

C'est la partie la plus longue et la plus détaillée de l'explication. Expliquez ce que dit l'auteur. Ne faites pas une paraphrase ou un résumé. Commencez par voir si vous pouvez répondre aux questions. Dans votre rédaction vous ne suivrez pas nécessairement l'ordre dans lequel nous présentons les questions. Il se peut fort bien aussi que vous n'employiez pas toutes les réponses aux questions que vous vous serez posées. Certaines d'entre elles ne visent qu'à clarifier le cadre du poème pour aider à la compréhension générale. Par exemple, vous verrez que dans l'explication modèle de « A sa maîtresse », nous n'avons pas employé spécifiquement toutes les réponses aux questions posées sur le texte. La façon dont vous emploierez vos réponses sera dictée par le poème lui-même. Dans ce présent chapitre nous parlons en termes généraux, donc notre ordre est, par nécessité, arbitraire.

Organisation du poème

Le poème est-il un récit? un dialogue? un monologue? un mélange de ces procédés?

D'après les thèmes ou idées exprimés, peut-on diviser le poème en plusieurs parties?

Comment ces différentes parties sont-elles reliées ou enchaînées?

La transition se fait-elle harmonieusement ou d'une façon abrupte?

Avez-vous l'impression que le poème se développe suivant une ligne droite, en une progression directe et évidente?

Se développe-t-il suivant une ligne ascendante, puis descendante?

Entre le début du poème et sa conclusion avez-vous l'impression d'avoir parcouru un cercle complet?

Le poème passe-t-il d'une idée générale à une idée spécifique ou vice versa?

Un incident ou une idée spécifiques sont-ils présentés dans un cadre général?

Le poème pose-t-il une question à laquelle il répond?

L'argumentation du poème rappelle-t-elle celle du syllogisme?

Le poème est-il construit de manière à ménager un effet de surprise?

Quel rôle la forme (sonnet, ballade, strophes, pas de strophes) joue-t-elle dans l'organisation du poème?

Le Ton du poème

Combien de voix y a-t-il dans le poème?

A qui appartiennent-elles?

S'il y a une seule voix, est-ce que le poète prête sa voix à un personnage du poème? Est-ce qu'il parle pour lui-même? Est-ce qu'il reste impersonnel?

Le poète parle-t-il comme on parle dans la vie de tous les jours? Le ton est-il familier?

Le poète s'amuse-t-il? Plaisante-t-il gentiment? Le ton est-il badin?

Le poète se moque-t-il de quelqu'un ou de quelque chose pour le critiquer? Le ton est-il ironique?

Le poète enseigne-t-il une leçon? Dit-il comment faire ou ne pas faire quelque chose? Le ton est-il didactique?

Le poète parle-t-il de grands sentiments ou de grands problèmes en termes qui ne sont pas ceux de la conversation ordinaire? Le ton est-il élevé?

Y a-t-il d'autres adjectifs qui peuvent s'appliquer au ton? solennel? sérieux? pathétique? amical? impérieux? moqueur? précieux? léger?

La Langue du poème

Le poète emploie-t-il surtout un vocabulaire abstrait ou concret?

Les mots appartiennent-ils à la langue de tous les jours ou à une langue plus choisie?

Le poète emploie-t-il des mots qui ont vieilli, des archaïsmes?

Les mots concrets pourraient-ils se grouper dans des catégories différentes appartenant, par exemple, aux sens? à la nature? à la maison? à une profession? à la mythologie? à l'histoire? à une autre catégorie?

Les mots abstraits pourraient-ils se grouper dans des catégories appartenant par exemple à certains sentiments ou à certaines idées? à l'amour? au stoïcisme? à la nostalgie? à un autre sentiment ou idée?

6

Y a-t-il des mots employés avec un double sens?

Dans le cas des verbes, quels sont les différents modes et temps employés? Pourquoi le poète les a-t-il choisis?

Y a-t-il des changements de modes ou de temps particulièrement importants?

Quelles sortes de mots dominent ou font défaut? noms? verbes? adjectifs? adverbes? pronoms? d'autres?

La Syntaxe du poème

L'ordre des mots suit-il celui de la prose?

Dans quelles intentions l'ordre de certaines phrases est-il renversé?

Y a-t-il des constructions qui ont vieilli?

Procédés stylistiques du poète

Le poète emploie-t-il des allusions géographiques? historiques? mythologiques? littéraires? personnelles?

Y a-t-il un jeu de mots dans le poème?

Le poète emploie-t-il des personnifications de choses? d'animaux? d'abstractions?

En personnifiant la nature, le poète tombe-t-il dans « l'erreur pathétique » romantique, allant même jusqu'à lui prêter un pouvoir de sympathie envers l'homme?

Emploie-t-il la répétition systématique de mots ou de constructions?

Quelles sortes d'images le poète emploie-t-il? Sont-elles heureuses? insolites? inattendues? habituelles? pittoresques? des clichés?

Ces images sont-elles destinées à décrire ou peindre? à suggérer? à orner? à illustrer?

Est-ce qu'une ou plusieurs de ces images sont employées symboliquement, c'est-à-dire représentent-elles une attitude? une émotion? une croyance ou une valeur?

Le poète emploie-t-il des comparaisons? (Elles sont introduites par des mots comme : tel, ainsi, de même, pareil à, comme, etc.) Par exemple : « Le ciel **comme** une immense mer étoilée, resplendissait au-dessus de lui. »

Le poète emploie-t-il des appositions? Par exemple : « Le **ciel**, immense **mer** étoilée, resplendissait au-dessus de lui. »

Le poète emploie-t-il des métaphores? Par exemple : « L'immense **mer étoilée** resplendissait au-dessus de lui. »

Tout le poème est-il une longue métaphore?

Le poète emploie-t-il délibérément un vocabulaire et une syntaxe difficiles? Le poème est-il hermétique?

7

Effets de sons et de rythmes

Y a-t-il des voyelles qui dominent ou sont répétées?

Y a-t-il des consonnes qui dominent ou sont répétées?

Quel effet est produit par ces allitérations?

Y a-t-il des onomatopées (des mots qui imitent un son — par exemple, *ronron*)?

Certaines rimes sont-elles employées délibérément pour leur son et pour l'effet produit par ce son?

Y a-t-il hiatus, c'est-à-dire heurt déplaisant de deux sons (par exemple, *au haut* de la côte)?

Le poète aurait-il obtenu un effet différent s'il avait employé un vers d'une longueur différente?

Y a-t-il des enjambements et des rejets? Dans quel but le poète les emploie-t-il?

Le rythme du poème est-il lent? saccadé — avec un rythme marqué et irrégulier? Se précipite-t-il? Ralentit-il? Coule-t-il?

Le rythme et les coupes des vers du poème restent-ils constants dans tout le poème?

Y a-t-il des césures ou des coupes marquées? régulières?

CONCLUSION

Faites un résumé rapide de votre étude du texte. Soulignez particulièrement les thèmes traités et les procédés employés par le poète. Finalement donnez votre évaluation personnelle du poème, vos réactions. Indiquez ce qui vous a particulièrement plu ou déplu et les raisons de vos réactions.

৺ Versification

Les éléments de versification qui vous sont donnés ici sont un point de départ. Ils représentent ce qu'il faut absolument savoir pour pouvoir comprendre et discuter la technique des poèmes que vous trouverez dans ce livre. Plus tard, lorsque vos études de français seront plus avancées, vous pourrez consulter des traités de versification beaucoup plus détaillés.

LE VERS FRANÇAIS COMPARÉ AU VERS ANGLAIS

Pour un étudiant de langue anglaise, habitué à une versification dont la caractéristique la plus marquante est la répétition régulière de temps forts et de temps faibles, la versification française paraît, à première vue, manquer d'élément rythmique, car elle ne connaît pas les syllabes accentuées et non accentuées de la poésie anglaise. Au contraire, elle ne connaît que des syllabes toniques égales.

Par exemple, si nous devions diviser le vers anglais :

> *The curfew tolls the knell of parting day,*

nous obtiendrions :

> *The / cur / few / tolls / the / knell / of / par / ting / day,*

c'est-à-dire cinq iambes (une syllabe faible et une syllabe forte) par vers, ou, comme on dit en anglais, *an iambic pentameter*, un vers de cinq pieds.

Maintenant prenons un vers français :

> Et nos amours faut-il qu'il m'en souvienne.

En le divisant, nous obtenons :

> Et / no / s a / mours / fau / t-il / qu'il / m'en / sou / vienne,

c'est-à-dire dix syllabes égales sans accent tonique, ou, comme on appelle ce vers de dix syllabes (ou pieds en français) : un décasyllabe. Remarquez qu'en français *pied* est synonyme de *syllabe*, ce qui est loin d'être vrai en anglais.

Ce manque d'accent tonique ne devrait pas vous surprendre; vous l'avez déjà remarqué en parlant français, particulièrement lorsque vous comparez des mots anglais et français de même famille. Considérez, par exemple, l'anglais *general* et le français *gé/né/ral* ou bien *historical* et *his/to/rique.*

Cela ne veut pas dire qu'il n'y ait pas d'accent du tout dans la poésie française, ce serait bien monotone; cela veut simplement dire que la voix n'augmente pas de force en prononçant certaines syllabes comme il se fait en anglais. En français les accents que vous rencontrerez seront d'abord des accents de longueur. Vous savez déjà, par exemple, que vous dites en français *gé/né/ral* en allongeant la dernière syllabe. Dans un vers la dernière syllabe à la fin d'un **groupe** de mots sera allongée de la même façon. Par exemple, dans le vers français déjà cité nous trouverons deux groupes de mots. Ces deux groupes sont déterminés par leur sens. En disant le vers vous allongerez légèrement la dernière syllabe de chaque groupe. Attention : allongez-la, ne la forcez pas.

Et nos **amours** / faut-il qu'il m'en sou**vienne**.

Un autre *accent* que vous rencontrerez est l'intonation de la phrase française. Vous la connaissez déjà et vous savez qu'en parlant français les modulations de votre voix sont plus marquées qu'en anglais. Par exemple, en disant le vers déjà cité ci-dessus, votre voix suivra les mouvements :

Et nos amours / faut-il qu'il m'en souvienne.

Avant de continuer cette description du vers français, soyons certains que vous avez bien compris ce que le mot *vers* veut dire. Les étudiants ont tendance à le traduire par *verse*. Si vous cherchez le mot *verse* dans un bon dictionnaire américain, vous trouverez qu'en anglais il a plusieurs significations différentes. Le mot français **le vers** n'en a qu'une seule : *a line of poetry*. Donc, n'employez **le vers** que dans ce sens. Ceci compris vous verrez facilement pourquoi écrire **un vers de poésie** est une absurdité. On parle donc du premier, deuxième, troisième **vers** d'un poème et non pas de la première, deuxième ou troisième ligne.

Le nombre de syllabes dans chaque vers demeure constant dans la poésie française. Dans une strophe un poète peut employer deux vers de différente longueur (par exemple, « Le Lac »), mais il faut que la disposition de ces vers demeure constante de strophe en strophe. Par exemple, vous ne trouverez pas habituellement un poème écrit avec un vers de dix syllabes, suivi d'un vers de douze syllabes.

L'E MUET

Vous avez appris que l'*e* muet à la fin d'un mot ne se prononce pas en français. Vous dites *ouvrez la port'* bien que vous écriviez *ouvrez la porte.* Ceci est vrai en poésie aussi **excepté** si l'*e* muet précède un mot qui commence par une consonne. Par exemple :

> Sous le pont Mirabeau coule la Seine

se prononcera en poésie :

> Sous / le / pont / Mi / ra / beau / cou / le / la / Seine.

L'*e* muet à la fin du mot « coule » se prononce ici. Le vers est donc un décasyllabe. Dans l'exemple suivant remarquez que l'*e* muet devant une voyelle ou à la fin d'un vers est traité comme dans la conversation normale :

> De / main / dès / l'au / be à / l'heu / re où / blan / chit / la / cam / pagne.

Ce vers a douze syllabes.

LES NOMS DES VERS LES PLUS USITÉS

Nous avons déjà vu qu'un vers de dix syllabes s'appelle un **décasyllabe.** Voici deux autres vers qui ont aussi un nom spécial. Un vers de huit syllabes est un **octosyllabe.** Un vers de douze syllabes est un **alexandrin.** L'alexandrin est le vers classique français par excellence.

Un exemple d'octosyllabe :

> Le / temps / a / lais / sé / son / man / teau.

Un exemple de décasyllabe :

> Frè / re / s hu / mains / qui / a / près / nous / vi / vez.

Un exemple d'alexandrin :

> Ain / si / tou / jours / pou / ssés / vers / de / nou / veaux / ri / vages.

LA DIÉRÈSE

Quelquefois vous trouverez que même après avoir soigneusement compté les *e* muets dans un vers il manque une syllabe pour pouvoir garder le rythme constant dont nous avons déjà parlé. Regardez ce vers et vous découvrirez très probablement un mot avec une combinaison de voyelles telle que *ieu* ou *ion*. Normalement cette combinaison n'a qu'une syllabe, mais en poésie, pour maintenir le rythme d'un vers, elle peut se prononcer en deux syllabes. Cela s'appelle une **diérèse**.

Par exemple, « La Mort du loup », comme vous le savez, est en alexandrins; mais si nous prenons le vers :

A force de rester studieuse et pensive

et si nous essayons de le séparer en syllabes, nous obtiendrons tout d'abord :

A / for / ce / de / res / ter / stu / dieu / se et / pen / sive,

ce qui ne fait que onze syllabes. Pour obtenir un alexandrin il faudra dire :

A / for / ce / de / res / ter / stu / di / eu / se et / pen / sive.

LA COUPE

Nous avons vu plus haut que dans un vers nous trouvons plusieurs groupes de mots. Les séparations entre ces groupes s'appellent des **coupes** :

Demain dès l'aube   / /   à l'heure où blanchit la campagne.

La coupe de l'alexandrin classique se trouve après la sixième syllabe. Elle a un nom spécial : la césure. Une césure sépare un alexandrin en deux parties appelées hémistiches :

Assise au coin du feu   / /   dévidant et filant.

L'ENJAMBEMENT ET LE REJET

Un vers comprend généralement une idée complète. Si cette idée se continue dans le vers suivant, il y a **enjambement**, ce qu'on appelle en poésie anglaise *a run-on line*. La partie de la phrase qui se trouve dans le deuxième vers est **en rejet**.

Par exemple dans :

Demain, dès l'aube, à l'heure où blanchit la campagne,

Je partirai. Vois-tu je sais que tu m'attends,

il y a enjambement entre le premier et le deuxième vers et « Je partirai » est en rejet.

LA RIME

Excepté dans le cas de certains auteurs modernes, la poésie française est rimée. En poésie française à l'encontre de ce qui se passe en anglais, c'est votre **oreille** qui détermine si deux mots riment, pas vos yeux. *Récent* et *puissant* riment, de même *mes œufs* et *mais eux*. Alors qu'en anglais une voyelle accentuée doit être incluse dans la rime, le français, puisqu'il n'a pas de syllabes régulièrement accentuées, est beaucoup plus libre sous ce rapport. Par exemple, alors qu'en anglais *unity* et *clarity* ne riment pas, en français *unité et clarté* sont parfaitement acceptables. Deux mots de la même famille ne peuvent pas rimer. *Compris–appris*, venant tous les deux de *prendre*, sont inacceptables.

Une rime **suffisante** a un son de voyelle et un son de consonne identiques : *embaumé–aimé*; *horizon–gazon*; *rire–dire*. Une rime **riche** ajoute au moins une voyelle ou une consonne à la rime suffisante : *pierre–carrière*; *récente–puissante*; *arbre–marbre*; *boucher–coucher*. Une rime **pauvre** n'a qu'une voyelle identique : *écho–mot*; *perdu–plus*.

Une rime **féminine** est une rime qui se termine par un *e* muet : *enflammée–fumée*; *rivages–âges*; *carrière–pierre*; *propices–délices*. Toutes les autres rimes sont **masculines** : *retour–jour*; *déchiré–adoré*; *cieux–harmonieux*; *échos–mots*.

Depuis le seizième siècle la versification française exige une alternance des rimes masculines et féminines : si la rime *a* est masculine, la rime *b* doit être féminine.

Rime plate

La rime plate est une rime de forme *aa-bb-cc-dd*. Par exemple : « La Mort du loup ».

Rime croisée

La rime croisée est une rime de forme *abab*. Par exemple : « Le Lac ».

Rime embrassée

La rime embrassée est une rime de forme *abba*. Par exemple : « Correspondances », les deux premières strophes.

Vers libre

Un poème est écrit en vers libres quand les vers sont de longueur irrégulière et les rimes sont tantôt plates, tantôt croisées, tantôt embrassées. Par exemple : « Le Chêne et le Roseau ».

Vers blanc

Un poème est écrit en vers blancs quand les vers sont de longueur régulière mais ne sont pas rimés. Par exemple : « Le Message » (et ce n'est pas un exemple parfait).

LA STROPHE

La strophe est une division d'un poème dans laquelle le nombre de vers et la disposition des rimes restent les mêmes. Par exemple, « A sa maîtresse » de Ronsard a trois strophes. Chaque strophe est composée de six vers octosyllabes avec une rime plate (*aa*), suivie d'une rime embrassée (*bccb*). **Strophe** se traduit en anglais par *stanza* ou *verse*.

DIFFÉRENTES SORTES DE POÈMES-A FORME FIXE

Parmi les poèmes que vous allez lire certains tombent dans la catégorie des poèmes à forme fixe.

Le Rondeau

C'est une des formes favorites du Moyen Age. Le rondeau de treize vers est celui qui est employé le plus souvent. Tout le poème est bâti sur deux rimes. Il a une première strophe de quatre vers de rime embrassée. La deuxième strophe a quatre vers de rime croisée. Les troisième et quatrième vers de cette deuxième strophe sont une répétition (ou refrain) des deux premiers vers de la première strophe. La troisième strophe se compose de quatre vers de rime embrassée suivis de la répétition (ou refrain) du premier vers de la première strophe. (Voir « Le Temps a laissé son manteau ».)

La Ballade

C'est une autre forme très en faveur au Moyen Age. Cette ballade médiévale n'a rien à voir avec les ballades qu'écrivirent les poètes romantiques. La seule ballade de ce livre est une ballade médiévale.

Elle consiste en trois strophes suivies d'un envoi. Le dernier vers de chaque strophe et celui de l'envoi sont répétés : c'est le refrain. Chaque strophe doit avoir autant de vers que le vers a de syllabes. Autrement dit, si le vers est un octosyllabe, chaque strophe devra avoir huit vers. La disposition des rimes doit être identique dans chaque strophe. L'envoi peut varier en longueur mais doit employer la même sorte de vers que les autres strophes. Il doit aussi commencer par le mot **Prince** et s'adresser directement à ce prince à qui la ballade est censée[1] être dédiée. (Voir « L'Epitaphe ».)

Le Sonnet

C'est une forme de poésie introduite en France pendant la Renaissance et employée par presque toutes les écoles littéraires.

Il comprend deux strophes de quatre vers appelées quatrains et deux strophes de trois vers appelées tercets. Les deux quatrains doivent avoir la même disposition de rimes, généralement embrassée, mais elle peut être aussi croisée. Il est préférable aussi que les rimes soient identiques dans les deux quatrains.

Les deux tercets sont bâtis sur trois rimes dont la disposition peut varier. Dans les sonnets de ce livre vous trouverez trois dispositions différentes. Le sonnet français régulier a deux tercets de forme **ccd, ede**, ou, si vous considérez les deux tercets comme une suite de six vers (ce qui est souvent le cas), une rime plate, suivie d'une rime croisée. (Voir « A Hélène ».)

AUTRES FORMES

En dehors des formes fixes, les poètes écrivent des poèmes strophiques (comme « Le Lac » ou « Le Pont Mirabeau ») ou sans strophes (comme « La Mort du loup » ou « Familiale »).

L'Ode

On appelle souvent un poème strophique d'inspiration lyrique une ode. L'ode tout d'abord imitée des poètes grecs a été introduite en France pendant la Renaissance.

Le Poème en prose

Avec le dix-neuvième siècle un nouveau genre de poème enrichit la poésie française : le poème en prose. Vous en trouverez quelques exemples dans ce recueil. La meilleure définition que nous puissions en offrir est celle de Baudelaire, le poète qui a rendu cette forme populaire en France :

---

[1] Supposée.

Quel est celui de nous qui n'a pas dans ses jours d'ambition rêvé le miracle d'une prose poétique, musicale sans rythme et sans rime, assez souple et assez heurtée[2] pour s'adapter aux mouvements lyriques de l'âme, aux ondulations de la rêverie, aux soubresauts de la conscience?

Pour de plus amples renseignements sur les termes littéraires en général et sur la versification française en particulier, les étudiants pourront commencer par consulter les trois ouvrages suivants :

Beckson, Karl, et Arthur Ganz. *A Reader's Guide to Literary Terms*. New York : Noonday Press, 1961.

Grammont, Maurice. *Petit Traité de versification française*. Paris : Librairie Armand Colin, 1964.

Thrall, William Flint, Addison Hibbard et C. Hugh Holman. A *Handbook to Literature*. New York : Odyssey Press, 1962.

---

[2] Irrégulière, brusque, dure.

✑ Vocabulaire utile
à l'explication

NOMS

antithesis **antithèse** f
author **auteur** m
ballad **ballade** f
character (inner nature) **caractère** m
character (dramatis persona)
    personnage m
clarity **clarté** f
collection (of poems) **recueil** m
commonplace **lieu commun** m
comparison **comparaison** f
contents **contenu** m
criterion **critère** m
critic (the person) **critique** m
criticism **critique** f
critique **critique** f
device **procédé** m (p. ex. le poète
    emploie un procédé nouveau)
description **description** f
epithet **epithète** f
excerpt **extrait** m
extract **extrait** m
fable **fable** f
form **forme** f
framework **cadre** m
image **image** f
incisiveness **netteté** f
legend **légende** f
level **niveau** m
line (of verse) **vers** m

literature **littérature** f
lyricism **lyrisme** m
masterpiece **chef d'œuvre** m
metaphor **métaphore** f
mood (state of mind)
    état (m) **d'âme**
narrative **récit** m
ode **ode** f
passage **passage** m
poem **poème** m, **poésie** f
poet **poète** m
poetry **poésie** f
pomposity **emphase** f
precision **précision** f
process **processus** m (p. ex. le pro-
    cessus de la création littéraire)
prose **prose** f
quotation **citation** f
reader **lecteur** m
refrain **refrain** m
rhyme **rime** f
rhythm **rythme** m
sensibility **sensibilité** f
sensitiveness **sensibilité** f
setting **décor** m, **cadre** m
sonnet **sonnet** m
stanza **strophe** f
stress **accent** m
style **style** m

17

subject **sujet** *m*
substance **fond** *m*
syllable **syllabe** *f*
technique **technique** *f*, **procédé** *m*
topic **thème** *m*, **sujet** *m*
verse
    (line of poetry) **vers** *m*

(stanza) **strophe** *f*
(biblical) **verset** *m*
(poetry) **poésie** *f*
(a short poetic composition)
    poème *m*
work **œuvre** *f*
writer **écrivain** *m*

ADJECTIFS

abstract **abstrait**
ambiguous **équivoque**
banal **banal**
bombastic **ampoulé**
boring **ennuyeux**
classic(al) **classique**
concise **concis**
concrete **concret**
deep **profond**
deep-seated **foncier**
diffuse **prolixe**
dramatic **dramatique**
epic **épique**
esthetic **esthétique**
evocative **évocateur**
formless **informe**
hackneyed **rebattu**
humorous **humoristique**

idealistic **idéaliste**
literary **littéraire**
lively **mouvementé**
lofty **élevé**
lyric(al) **lyrique**
moving **touchant, émouvant,**
    pathétique
obscure **obscur**
original **original**
perfect **achevé**
poetic(al) **poétique**
realistic **réaliste**
romantic **romantique**
spontaneous **spontané**
sublime **sublime**
suggestive **suggestif**
trite **ressassé**
vivid **imagé**

VERBES

allude to **faire allusion à**
combine (mix) **mélanger**
contrast with **contraster avec**
create **créer**
deal with **traiter de**
describe **décrire**
develop **développer**
emphasize **mettre en valeur**
enhance **mettre en valeur**
entertain **divertir, amuser, distraire**
evoke **évoquer**

express **exprimer**
extol **célébrer**
illustrate **illustrer**
make specific **préciser**
outline **esquisser**
picture **dépeindre**
point out **signaler**
polish **polir**
praise **glorifier**
quote **citer**
reflect **refléter**

renew **renouveler**
reveal **révéler**
revive **renouveler**
show up **mettre en évidence**

specify **préciser**
stress **insister sur**
suggest **suggérer**
underline **souligner**

EXPRESSIONS

after a thoughtful reading **après une lecture réfléchie**
all through **tout au long de**
at the same time **en même temps** (p. ex. il a écrit ces deux œuvres en même temps)
at the same time **à la fois** (p. ex. le poète est à la fois lyrique et réservé)
the author, the passage quoted above **l'auteur, le passage cité ci-dessus**
he is concerned with **il s'intéresse à**
he uses a polished style **il s'exprime dans un style châtié**
in a figurative sense **au sens figuré**
in a literal sense **au sens propre**
in the broadest sense of the word **au sens le plus large du mot**
in the next stanza **dans la strophe suivante**
in the preceding line **dans le vers précédent**

on the other hand **en revanche**
the poem is about (concerns itself with) **dans ce poème il s'agit de, ce poème est au sujet de**
to be built on **être construit sur**
to be careful of **être soucieux de, faire attention à**
to bring two images together **faire un rapprochement entre deux images**
to consider (a possibility) **envisager de + verbe**
to devote oneself to **se consacrer à**
to have an influence on **exercer une influence sur**
to make a comparison between **établir une comparaison entre**
What does he mean by that word? **Qu'entend-il par ce mot?**

❧ Textes avec questions
et explications

PIERRE DE RONSARD   (1524–1585)

Poésie qui suit l'esprit des règles, mais pas la lettre

◄§ *A sa maîtresse*[1]

Ce poème a été écrit en 1553 pour Cassandre Salviati, fille d'un seigneur florentin établi en France. Elle avait à l'époque vingt-deux ans.

octosyllabe le sapin

Mignonne, allons voir si la rose
Qui ce matin avait déclose — opened
Sa robe de |pourpre| au soleil,
A point perdu, cette vêprée, ° — evening
Les plis ° de sa robe pourprée — folds   dark red (*arch.*)
Et son teint ° au vôtre pareil. — complexion
same

Las! ° voyez comme en peu d'espace, — Alas!
Mignonne, elle a |dessus| la place, — *over*
Las, las! ses beautés laissé choir; — fall
O vraiment marâtre ° Nature, — stepmother
Puisqu'une telle fleur ne dure — *Since, such a flower lasts*
Que du matin jusques au soir!

Donc, si vous me croyez, mignonne,
Tandis que votre âge fleuronne ° — flowers
En sa plus verte nouveauté,
Cueillez, cueillez votre jeunesse :
Comme à cette fleur, la vieillesse
Fera |ternir| votre beauté.

Since such a flower only lasts from the morning until the night.

§► *Les Amours de Cassandre* (*1553*)

---

[1] Loved one.

23

QUESTIONS

Situation

Dans quel recueil ce poème a-t-il été publié? A quelle date? Quel âge avait le poète? Pour qui l'a-t-il écrit?

Forme

Quelle sorte de poème est-ce? Combien a-t-il de strophes? Combien de vers y a-t-il dans chaque strophe? Quelle sorte de vers le poète emploie-t-il? Quelle est la disposition des rimes?

Sujet

Quel but se propose le poète en écrivant ce poème?

Analyse

PREMIÈRE STROPHE   Combien de voix entendez-vous dans ce poème? Qui parle? Où sommes-nous? A quelle époque de l'année? Combien de personnages ce poème concerne-t-il? Quelle indication le premier mot du poème vous donne-t-il sur le rapport entre le poète et son interlocutrice? A quel mode est le verbe du premier vers? Quel ton est employé ici? A quel moment de la journée sommes-nous? Comment le savez-vous? Qu'est-ce que le poète et sa « mignonne » ont vu ce matin? Pourquoi Ronsard a-t-il choisi cette fleur? Quel est le terme employé pour décrire ses pétales? Pourquoi la couleur « pourprée » plutôt que « blanche » ou « jaune » par exemple? Pourquoi le négatif au quatrième vers? Quel effet ce négatif produit-il sur le ton de la strophe? Quelle comparaison le poète commence-t-il en parlant de la « robe » de la rose? Les poètes ont souvent comparé les femmes aux fleurs. Est-ce exactement ce que Ronsard fait ici? Quelle idée de la beauté de la jeune fille vous donne-t-il ainsi? Quand vous pensez au « teint » d'un pétale de rose ou d'une jeune fille, pensez-vous seulement à sa couleur? Comment la comparaison se rapporte-t-elle à « mignonne »? Que vous dit-elle sur la douceur de sa peau? Quel est le ton de la strophe? Si vous deviez donner un titre à cette strophe, lequel lui donneriez-vous?

DEUXIÈME STROPHE   Où sommes-nous maintenant? Quel vers de la première strophe a suggéré ce changement de décor? A quel mode est le verbe du premier vers? Quelle émotion le premier mot suggère-t-il? Où est-il répété? Que fait cette répétition à la phrase? Quel effet le poète produit-il ainsi? Quand se rend-on compte de ce qui est arrivé à la rose? A quel mot? Quel serait l'ordre normal en prose des mots dans les trois premiers vers de la strophe? Dans quelle intention le poète emploie-t-il cet ordre-ci? Quel mot est employé ici au lieu de « pétales »? Pour souligner quelle idée? Contre qui le poète se tourne-t-il maintenant? De quoi l'accuse-t-il? Pourquoi? Quelle idée souligne l'expression « une telle fleur »? Quelle époque de la vie d'une femme représente le matin de la rose? Sur quel aspect de la vie le poète insiste-t-il dans ce dernier vers? Quel est le ton de la strophe? Quel titre pourriez-vous lui donner?

TROISIÈME STROPHE   Par quel mot cette strophe est-elle reliée à la précédente? Qu'est-ce que ce mot introduit généralement? Croyez-vous que le poète ait été aussi surpris par ce qui est arrivé à la rose que les deux premières strophes le suggéraient? Que forment ces deux strophes pour la troisième? Quel est le ton du poète maintenant? Quel est le sens du mot « âge » ici? Qu'est-ce qui « fleuronne » habituellement? Où le poète a-t-il déjà employé ce genre de transposition dans le poème? Quel autre verbe emploie-t-il de la même façon? A quel mode est-il? Comment savez-vous que le ton du poète devient de plus en plus urgent? Que représentent les trois derniers vers par rapport au poème entier? Cherchez le terme *carpe diem* dans un dictionnaire. Pourrait-il s'appliquer ici? Quel titre pourriez-vous donner à la strophe?

Conclusion

Le thème de ce poème est-il original? La présentation de ce thème est-elle originale? Qu'est-ce qui vous a particulièrement plu? Déplu? Si ce poème vous avait été adressé, vos réactions seraient-elles les mêmes que celles que vous avez eues en le lisant?

EXPLICATION

« A sa maîtresse » parut en 1553 dans *Les Amours de Cassandre*. Ronsard, qui avait alors vingt-neuf ans, a écrit ce poème pour la fille d'un seigneur italien, Cassandre Salviati, âgée de vingt-deux ans.

Ce poème est une petite ode, qui comprend trois strophes composées de six octosyllabes. Chaque strophe comporte une rime plate féminine, suivie d'une rime embrassée dont la première est masculine.

Dans ce poème construit sur un mode dramatique, le poète illustre une gracieuse et poétique leçon. Conscient de la fuite irrévocable du temps, il s'efforce de faire partager ce sentiment à Cassandre et ainsi de la persuader de partager son amour.

La première strophe de ce poème se présente comme une invitation. Pour s'adresser à Cassandre, le poète emploie le terme « mignonne » et laisse entrevoir ainsi la tendresse qu'il lui porte. Le ton de douce sympathie et de confiance créé par ce premier mot est renforcé par le verbe « allons » qu'emploie Ronsard en invitant Cassandre à faire une espèce de pèlerinage avec lui pour voir ce qu'est devenue la rose, fleur choisie sans doute entre toutes les autres comme symbole de la beauté, de la fragilité, de l'amour et de la femme. Au deuxième vers le poète établit très nettement le commencement du drame de la rose (« ce matin »). Au dénouement de ce drame il espère assister « cette vêprée » avec Cassandre. Ce faisant, il insiste déjà sur la brièveté du drame de la rose et commence à suggérer l'importance qu'il accordera à cet élément temporel dans les strophes qui suivent. L'épanouissement de la rose, qui « avait déclose / Sa robe de pourpre au soleil », est décrit en des termes appliqués d'habitude au vêtement d'une femme : les pétales de la rose deviennent ici « sa robe ». La rose porte une robe de pourpre, couleur qui évoque l'amour, la passion et la royauté. Cette description de la rose est répétée au cinquième vers : « Les plis de sa robe pourprée »; la présentation de la rose en ces termes prépare l'image du dernier vers de la strophe où le poète rend tout à fait explicite la comparaison (comparaison qui autrement aurait été inattendue) du teint de la rose à celui de la jeune femme. En comparant ainsi la rose, la plus belle des fleurs, à Cassandre, Ronsard fait à cette dernière un compliment à la fois discret et profond. Cette comparaison évoque, bien sûr, le teint frais de Cassandre, la douceur de sa peau délicate au toucher, en un mot sa beauté jeune et fragile, mais aussi elle souligne la beauté de Cassandre, faisant d'elle le modèle auquel il compare la rose. Dès ce vers la beauté de la rose est intimement mêlée à celle de Cassandre et par là seront à jamais liées leurs destinées.

Remarquons que dans cette strophe le poète invite Cassandre à aller voir avec lui si la rose est morte, ou plutôt si elle n'est **point** morte, si elle n'a point perdu ses pétales. Un ton vaguement sinistre s'insère dans la strophe avec ce négatif; il donne, en effet, une indication subtile du spectacle qui répondra à la question du poète.

Avec le « Las! » qui commence la deuxième strophe s'annonce un mouvement exclamatif de surprise, de déception qui s'élargit et se fait plus insistant avant de se métamorphoser en indignation et en colère à la fin de la strophe. Avec Cassandre devant le spectacle désastreux de la rose morte, le poète abandonne le ton de l'invitation (la première personne du pluriel de la première strophe) et parle maintenant à l'impératif, prenant par là le rôle du maître qui interprétera une vérité pénible pour Cassandre. Au premier vers il reprend le thème de la brièveté de la vie de la rose; il insiste sur la fuite du temps, sur la qualité éphémère de la beauté par les mots « en **peu** d'espace ». Quand le poète décrit la perte des « beautés » de la rose, la substitution de ce mot « beautés » à l'image de sa « robe » à la première strophe sert à souligner le caractère symbolique de la rose, à rendre plus évidente la raison du choix de cette fleur. Et le poète prépare en même temps par l'emploi de cette description déshumanisée le renversement de la comparaison entre la rose et Cassandre à venir dans la dernière strophe. La disposition des mots des trois premiers vers, c'est-à-dire leur mouvement ralenti par l'insertion de « dessus la place » au deuxième vers et par la répétition insistante des deux « Las! » au troisième vers, crée une attente dramatique qui n'est résolue qu'au dernier mot du troisième vers (« choir »). La chute du troisième vers au verbe « choir » correspond à la chute des pétales de la rose et souligne la finalité de cette chute, de la perte définitive de la beauté.

Le quatrième vers de la strophe traduit un mouvement de révolte. Le poète se tourne avec indignation, avec colère contre la Nature pour la blâmer. Il ne s'agit point ici de la douce mère traditionnelle mais d'une mère cruelle, d'une marâtre jalouse qui fait épanouir et puis détruit en une seule journée la beauté d'une « telle » fleur. Le mot « telle » ici met en relief le caractère spécial et symbolique de la rose. Le dernier vers de la strophe souligne de nouveau la qualité éphémère de la beauté.

La dernière strophe du poème peut être sentie comme une supplication insistante. Cette strophe commence par un mot qui appartient souvent au langage de la logique : ce « Donc » qui introduit dans la logique la conclusion d'un syllogisme sert à créer le ton de la strophe. Le poète-maître tire la leçon, la morale du spectacle auquel il vient d'assister avec Cassandre. Abandonnant les exclamations et les accusations de la deuxième strophe, recouvrant bien vite son calme (ce qui rend un peu suspecte l'émotion exagérée de la strophe précédente) et adoptant un ton grave, le poète essaie de faire sentir à Cassandre tout le sérieux de la scène qu'elle vient de voir. En même temps il essaie de faire accepter son autorité par son « si vous me croyez, mignonne » du premier vers. Au deuxième vers le poète renverse la comparaison établie dans la première strophe où il avait associé la beauté de la rose à celle de Cassandre. Maintenant il décrit à plusieurs reprises la jeunesse de Cassandre en des termes appliqués d'habitude à la fleur : les vers « Tandis que votre âge fleuronne / En sa plus verte nouveauté » évoquent la fraîcheur, la beauté et la fragilité de la jeunesse de Cassandre. Cette comparaison lie inextricablement les destinées parallèles et crulles de Cassandre et de la rose. Tandis que dans la première strophe Ronsard insiste sur les ressemblances entre la beauté des deux, il insiste ici sur la qualité éphémère de leur beauté. Au quatrième vers la répétition de « Cueillez, cueillez » à l'impératif produit un effet d'urgence pour la morale qu'il exprime; ce vers se présente à la fois comme une leçon et comme une supplication, une prière. Le poète, qui éprouve intensément le sentiment de la fuite du temps, se révèle ici franchement épicurien et exprime le thème de *carpe diem* : il faut saisir le jour présent et profiter du plaisir qui passe. Ce quatrième vers prend en même temps l'allure d'une requête d'amour : par ses efforts de persuasion, Ronsard s'efforce de faire partager son amour à Cassandre. Les deux derniers vers de la strophe rendent explicite la comparaison de Cassandre à la rose, en insistant sur leurs destinées parallèles et en faisant entrevoir à Cassandre comme au lecteur l'outrage des ans : comme celle de la rose, la beauté de Cassandre est précaire, fragile, éphémère. Si Cassandre résiste à la leçon de la rose et du poète, il ne lui restera qu'une beauté ternie.

Dans ce poème l'art du poète se révèle surtout dans son renouvellement d'un thème peu original. Partant de ce thème souvent repris depuis la littérature antique — celui de la réaction épicurienne devant la fuite du temps qui emporte avec lui la beauté — Ronsard réussit à le renouveler, grâce à son application inattendue de termes floraux à la jeune femme et de termes humains à la rose. A première vue ce poème crée une impression dominante de délicatesse et de badinage, mais l'analyse fait ressortir la composition savante et serrée du poème, les efforts de persuasion, les arguments du poète dissimulés sous cette apparence trompeuse de fragilité.

ALPHONSE DE LAMARTINE (1790–1869)

⌁§ Le Lac

En 1816 Lamartine fit la connaissance de Madame Julie Charles, à Aix-les-Bains, sur les bords du lac du Bourget. Là, ils s'éprirent[1] l'un de l'autre et décidèrent de s'y retrouver l'été suivant. Mais Madame Charles, malade, ne put venir et c'est seul que Lamartine revit le lac. Elle mourut en décembre de la même année, peu après la rédaction du poème.

Ainsi, toujours poussés vers de nouveaux
    rivages, °   shores
Dans la nuit éternelle emportés sans retour,
Ne pourrons-nous jamais sur l'océan des
    âges
    Jeter l'ancre ° un seul jour?   **Jeter...** To drop anchor

O lac! l'année à peine a fini sa carrière, °   course
Et près des flots ° chéris ° qu'elle devait   waters beloved
    revoir,
Regarde! je viens seul m'asseoir sur cette
    pierre
    Où tu la vis s'asseoir!

Tu mugissais ° ainsi sous ces roches pro-   lowed
    fondes;
Ainsi tu te brisais sur leurs flancs déchirés ° :   torn
Ainsi le vent jetait l'écume ° de tes ondes °   foam water (*poet.*)
    Sur ses pieds adorés.

Un soir, t'en souvient-il °? nous voguions °   t'... do you remember (*poet.*)
    en silence;   were rowing

---

[1] Tombèrent amoureux.

On n'entendait au loin, sur l'onde et sous les (cieux,)
    Que le bruit des rameurs ° qui frappaient en cadence   rowers
        Tes flots harmonieux.

Tout à coup des accents inconnus à la terre
Du rivage charmé frappèrent les échos;
Le flot fut attentif, et la voix qui m'est chère
        Laissa tomber ces mots :

« O temps, suspends ton vol! et vous, heures (propices,)
        Suspendez votre cours!
Laissez-nous savourer les rapides délices
        Des plus beaux de nos jours!

« Assez de malheureux ° ici-bas ° vous im-   unfortunate ones
        plorent :   here below
        Coulez, coulez pour eux;
Prenez avec leurs jours les soins ° qui les   cares
        dévorent;
        Oubliez les heureux.

« Mais je demande en vain quelques mo-
        ments encore,
        Le temps m'échappe et fuit;
Je dis à cette nuit : « Sois plus lente »; et
        l'aurore °   dawn
        Va dissiper la nuit.

« Aimons donc, aimons donc! de l'heure
        fugitive,
        Hâtons-nous, jouissons!
L'homme n'a point de port, le temps n'a
        point de rive; °   shore
        Il coule, et nous passons! »

30

Temps jaloux, se peut-il que ces moments d'ivresse, °   ecstasy
    Où l'amour à long flots ° nous verse le bon-heur,   draughts
S'envolent loin de nous de la même vitesse
    Que les jours de malheur?

Hé quoi! n'en pourrons-nous fixer au moins
    la trace?
Quoi! passés pour jamais? quoi! tout entiers
    perdus?
Ce temps qui les donna, ce temps qui les
    efface,
    Ne nous les rendra plus?

Eternité, néant, ° passé, sombres abîmes, °   nothingness
                                          abysses
Que faites-vous des jours que vous englou-tissez °?   swallow up
Parlez : nous rendrez-vous ces extases su-blimes
    Que vous nous ravissez?

O lac! rochers muets! grottes! forêt obscure!
Vous, que le temps épargne ° ou qu'il peut   spares
    rajeunir,
Gardez de cette nuit, gardez, belle nature,
    Au moins le souvenir!

Qu'il soit dans ton repos, qu'il soit dans tes
    orages,
Beau lac, et dans l'aspect de tes riants co-teaux, °   slopes
Et dans ces noirs sapins, et dans ces rocs
    sauvages
    Qui pendent sur tes eaux!

Qu'il soit dans le zéphyr° qui frémit° et
    qui passe,
Dans les bruits de tes bords par tes bords
    répétés,
Dans l'astre au front d'argent qui blanchit
    ta surface
De ses molles° clartés!

Que le vent qui gémit,° le roseau° qui
    soupire,°
Que les parfums légers de ton air em-
    baumé,°
Que tout ce qu'on entend, l'on voit ou l'on
    respire,
Tout dise : « Ils ont aimé! »

breeze shivers

gentle

moans reed

sighs

sweet-scented

∾ *Méditations poétiques (1820)*

QUESTIONS

SUR LES QUATRE DERNIÈRES STROPHES

Situation

Dans quelles circonstances le poème a-t-il été écrit? Quelles strophes vont être expliquées? Quelles sont les deux voix que nous avons entendues jusque-là? Quels thèmes ont-elles traités? Dans les trois strophes qui précèdent celles qui vont être expliquées, à qui le poète s'est-il adressé? En quels termes?

Forme

Combien de vers y a-t-il dans chaque strophe? Quelles sortes de vers sont employées? Quelle est la disposition des rimes?

Sujet

A qui le poète s'adresse-t-il de nouveau? Que lui demande-t-il? Quel signe de ponctuation est répété dans ces strophes? Quel ton leur donne-t-il?

Analyse

TREIZIÈME STROPHE Quels sont les deux premiers mots? Sous quelle forme se présentent-ils? Les avez-vous trouvés autre part dans le poème? Que représentent les autres éléments du premier vers par rapport au lac? Ces mots sont-ils précis? Que suggèrent les adjectifs? Quel est l'antécédent du pronom « vous » du deuxième vers? Comment le temps l'épargne-t-il? Comment peut-il la rajeunir? Qui, par contraste, n'est ni épargné ni rajeuni par le temps? Quel mot est répété dans le troisième vers? A quel mode est-il? A quelle personne? Pourquoi cette répétition? Que résume le mot « nature »? De quelle nuit s'agit-il? Quel rapport y a-t-il entre le deuxième vers et ce que le poète demande à la nature aux troisième et quatrième vers? Pourquoi dit-il « au moins »? Quel serait l'ordre normal de ces deux derniers vers? Pourquoi le poète l'a-t-il changé?

QUATORZIÈME STROPHE   A quel mode est le premier verbe? Qu'est-ce que ce mode continue? Quel est l'antécédent de « il »? Que souligne et continue la répétition du verbe? Quelle antithèse y a-t-il dans la construction parallèle de ce vers? Dans quel but le poète l'emploie-t-il? Que rappellent les deux premiers mots du deuxième vers? Quelle idée le poète y a-t-il ajoutée? Comment les deux derniers vers sont-ils liés l'un à l'autre? Quel est l'effet produit? Qu'est-ce qui continue dans cette strophe? Quels sont les éléments du paysage nommés ici? Le paysage est-il précis ou vague? Quels sont les adjectifs employés? Quel effet créent-ils? Quelle sorte de paysage Lamartine a-t-il peint?

QUINZIÈME STROPHE   Comparez la construction de cette strophe avec celle de la précédente. Qu'est-ce que c'est que le zéphyr? Pourquoi l'avoir choisi? Qu'est-ce qui frémit habituellement? Pourquoi avoir choisi ce verbe plutôt que « souffle » par exemple? Quelles facultés nouvelles le poète prête-t-il au souvenir dans les deux premiers vers de cette strophe? Quel effet sonore est décrit dans le deuxième vers? Qu'y a-t-il entre les troisième et quatrième vers? Pourquoi? Savez-vous ce qu'est « l'astre au front d'argent »? Pourquoi le poète emploie-t-il cette périphrase? Que signifie l'expression « molles clartés »? Quel jeu de lumière est décrit dans les troisième et quatrième vers? Le souvenir doit-il se limiter au cadre précis du lac? Quelle expansion le poète lui offre-t-il dans cette strophe?

SEIZIÈME STROPHE   Par quel mot les trois premiers vers commencent-ils? A quel verbe ces vers se rapportent-ils? Qui soupire habituellement? Qui avez-vous entendu gémir et soupirer dans ce poème? Lamartine a-t-il choisi le roseau simplement parce qu'il pousse au bord de l'eau? Que rappelle la fragilité gracieuse du roseau? Quels vers précédents ce premier vers rappelle-t-il? A quel sens le deuxième vers fait-il appel? Comment le poète croise-t-il adjectifs et noms dans ce deuxième vers? Quel effet est ainsi renforcé? Le souvenir a reçu sa voix à la quinzième strophe, maintenant quelle autre forme prend-il aussi? Que résume le troisième vers? Ce résumé est-il vraiment un racourcissement? Quel est l'antécédent de « tout »? Qu'est-ce qui donne une force toute particulière à ce pronom? Par quels mots le verbe « dise » a-t-il été préparé? Pourquoi le rejeter ainsi au dernier vers? Comment les trois derniers mots contrastent-ils avec la construction

34

de la strophe? Dans quel but le poète a-t-il ménagé cet effet? Pourquoi employer « ils » plutôt que les noms des deux personnes? Pourquoi ne pas avoir employé la forme « ils se sont aimés »?

Conclusion

Savez-vous ce qu'est « l'erreur pathétique »? Quelles qualités ce procédé prête-t-il à la nature? Comment le poète emploie-t-il ce procédé? Que demande-t-il au lac? Ce qu'il demande est-il possible? Quel lac nous a gardé après un siècle et demi le souvenir d'un amour de Lamartine?

EXPLICATION

DES QUATRE DERNIÈRES STROPHES

Ce sont les quatre dernières strophes d'un poème d'Alphonse de Lamartine, « Le Lac », qui, écrit en 1817, a paru en 1820 dans les *Méditations poétiques*. Seul au rendez-vous pris l'année précédente avec Madame Charles au lac du Bourget et attendri par le spectacle et par ses souvenirs, Lamartine évoque les heures qu'il a passées à l'automne de 1816 avec elle, maintenant malade à Paris. Après avoir entendu les voix alternées du poète et de Julie invoquant tour à tour le lac et le temps, nous entendons de nouveau Lamartine qui est à la fois angoissé devant la fuite du temps et désireux d'éterniser leur amour.

Le poème comprend seize quatrains composés de trois alexandrins et d'un vers de six syllabes. La rime est croisée avec alternance d'une rime féminine et masculine.

Dans les quatre dernières strophes le poète prie et commande à la fois que les différents éléments qui composent la nature et touchent nos sens conservent en eux et disent à jamais l'amour dont ils furent témoins.

Dans la première strophe de cette dernière partie, le poète fait appel une fois de plus au lac directement, tout comme il l'avait fait à la deuxième strophe du poème; mais ici le « O lac! » est suivi d'un appel aux rochers, aux grottes et à la forêt. Lamartine élargit le cadre du lac et y inclut les éléments qui l'entourent pour rendre son appel plus solennel. En fait, nous voyons au troisième vers que c'est bien à la nature telle qu'elle s'étend autour du lac — ou si l'on veut au lac en tant que force naturelle — que le poète fait appel. Le « Vous » du deuxième vers venant immédiatement après l'énumération du premier vers semble, à première vue, avoir ce vers pour antécédent. Lorsque nous arrivons au troisième vers cependant, il semble que « nature » pourrait tout aussi bien l'être. Cette construction souligne l'élargissement de l'appel qui va du lac et des éléments naturels qui l'entourent en général, à la nature dont ils font partie.

Ce poète romantique est très conscient de la fuite du temps. Avant cette strophe nous l'avons vu se révolter contre le monstre muet qui dévore l'existence humaine. La nature, elle, n'est pas soumise à cette règle. Le temps ne la touche pas du fait que le cycle éternel des saisons la rajeunit à chaque printemps. Instamment, répétant sa prière au troisième vers, le poète demande à la nature d'être non seulement ce qu'elle a été, le cadre d'une nuit d'amour, mais aussi la gardienne bienveillante d'un souvenir que l'homme éphémère ne pourra conserver.

La strophe suivante voit la prière de « gardez » se transformer en l'impératif plus net de « qu'il soit », lui aussi répété pour souligner l'insistance du poète. La construction parallèle du vers souligne l'antithèse par laquelle Lamartine insiste sur le fait que c'est par n'importe quel temps ou saison que le lac doit conserver le souvenir de cette nuit. Le lac devient ici « Beau lac »; l'adjectif souligne que pour Lamartine c'est non seulement son immortalité mais aussi sa beauté qui lui a fait choisir le lac comme digne reposoir de son amour. L'énumération qui suit continue et complète celle du premier vers de la première strophe. Les éléments choisis demeurent vagues. Il serait difficile d'y reconnaître le lac du Bourget en particulier plutôt que tel ou tel autre lac. Les « riants coteaux », les « noirs sapins » et les « rocs sauvages » surplombant les eaux peignent avant tout un paysage typiquement « romantique », cadre idéal d'un amour romantique.

Alors que dans les deux strophes précédentes le poète s'est attaché à peindre le lac, à nous le rendre présent par la vue, dans la troisième strophe il nous fait sentir la douceur et la chaleur du zéphyr en même temps qu'il nous fait entendre le bruit du vent et des eaux. Le zéphyr passager « frémit » comme s'il était doué lui aussi des sentiments humains que Lamartine prête à la nature. Au deuxième vers l'inversion souligne la répétition des mots « tes bords », répétition évocatrice de l'action et du bruit des vagues qui battent les rochers du rivage et sont renvoyées par ces mêmes rochers. Les deux derniers vers n'en forment, grâce à l'enjambement, qu'un seul, ample et calme comme le paysage décrit : un lac au clair de lune. Lamartine ayant, dans les deux vers précédents, attiré notre attention vers les eaux du lac, y fait maintenant jouer le reflet du disque pâle sur la surface que le vent fait doucement onduler. Il emploie la périphrase noble sans doute pour souligner la solennité de la scène et de son appel.

La dernière strophe est articulée sur un impératif qui va s'élargissant jusqu'au dernier vers. Le poète prie et commande à la fois, s'adressant au vent dont la voix se fait entendre tout d'abord seule puis unie au roseau, ce dernier choisi sans doute comme symbole de la fragilité humaine. Les verbes employés ici, « gémit » et « soupire », soulignent le ton plaintif et mélancolique de l'évocation d'un moment heureux qui n'est plus. Dans le deuxième vers, la douceur caressante du vent est rendue plus évidente par sa transformation en « parfums légers » et « air embaumé ». L'image auditive se fond en une image olfactive. Ces deux images qui font partie du décor du lac évoquent aussi Julie, la femme dont le souvenir gracieux flotte ici comme un parfum léger et dont nous avons entendu la voix plaintive se mêler à celle du lac. Dans le troisième vers, passant des aspects particuliers du lac aux sens qui permettent à l'homme d'établir un rapport entre lui et ce qui l'entoure, le poète étend sa prière à la nature entière qui va conspirer activement avec lui. Le poème se termine sur un vers à la fois court et puissant. Le mot « tout » résume en lui la strophe entière à laquelle il est placé en apposition. L'impératif « dise » annoncé par les « que » qui commencent les trois premiers vers est rejeté au quatrième vers et y prend toute sa force, force qu'il transmet à son tour aux trois derniers mots du poème : « Ils ont aimé ». La simplicité de la courte phrase, l'anonymat éloquent de son sujet, son rejet en fin de strophe, concourent à souligner la puissance de cette litote. En elle se résument l'idéal et la raison d'être, peut-être pourrions-nous dire « l'excuse d'être », du couple romantique... et du poème.

Dans ces quatre dernières strophes, le poète demande au lac et à la nature de participer activement à l'immortalisation de son amour. C'est par eux que le souvenir de ce qui fut sera transmis aux générations à venir. Lamartine, en des vers marqués par la musicalité qui lui est propre, donne ici un tour nouveau à « l'erreur pathétique ». Il ne s'agit plus simplement pour la nature de refléter les émotions du poète mais d'en devenir l'interprète et la gardienne. Il est caractéristique que le souvenir à perpétuer soit celui d'un amour bref et malheureux. Le paradoxe (mais n'était-ce pas précisément le but du poète?) est que le lac grâce auquel nous savons que Julie Charles et le poète se sont aimés est, non pas le lac du Bourget, mais « Le Lac » par Alphonse de Lamartine.

GUILLAUME APOLLINAIRE   (1880–1918)

❧ Le Pont Mirabeau

Sous le pont Mirabeau coule la Seine
    Et nos amours
  Faut-il qu'il m'en souvienne °   il... I remember
                                      (poet.)
La joie venait toujours après la peine °   sadness

    Vienne la nuit sonne l'heure
    Les jours s'en vont je demeure

Les mains dans les mains restons face à face
    Tandis que sous
  Le pont de nos bras passe
Des éternels regards l'onde ° si lasse   wave (poet.)

    Vienne la nuit sonne l'heure
    Les jours s'en vont je demeure

L'amour s'en va comme cette eau courante °   running
    L'amour s'en va
  Comme la vie est lente
Et comme l'Espérance est violente

    Vienne la nuit sonne l'heure
    Les jours s'en vont je demeure

Passent les jours et passent les semaines
Ni temps passé
Ni les amours reviennent
Sous le pont Mirabeau coule la Seine

Vienne la nuit sonne l'heure
Les jours s'en vont je demeure

❧ *Alcools* (*1913*)

QUESTIONS

Situation

Dans quel recueil ce poème a-t-il été publié? A quelle date?

Forme

Quelle sorte de poème est-ce? Combien a-t-il de strophes? Combien de vers y a-t-il dans chaque strophe? Quelle sorte de vers emploie-t-il? Quelle est la disposition des rimes? Que remarquez-vous sur cette disposition? Que remarquez-vous sur la ponctuation du poème?

Sujet

Quelle attitude envers l'amour et la fuite du temps le poète exprime-t-il? A l'aide de quelles images?

Analyse

PREMIÈRE STROPHE   Qui parle? A quel temps? Quel est le décor du poème? Quel est le ton du premier vers? Le deuxième vers a-t-il quelque chose de surprenant? Le ton de ce vers diffère-t-il de celui du premier vers? Pourquoi le poète emploie-t-il ici un vers court? Avec quel effet? Dans quel sens les amours coulent-elles sous le pont Mirabeau? A qui l'adjectif « nos » fait il référence? A un seul couple d'amoureux, ou à tous les amoureux? Expliquez la structure du troisième vers. Quel est le sens du vers? De quoi le poète doit-il se souvenir? Veut-il s'en souvenir? Expliquez votre réponse. Quel est le temps du verbe du quatrième vers? Pourquoi? Dans quel sens la joie venait-elle toujours après la peine? Quelle joie? Quelle peine? Pour qui? Voyez-vous un rapport entre le quatrième et le premier vers? Tous les verbes de cette strophe expriment-ils un mouvement ou y a-t-il aussi une tentative de se fixer dans le temps ou dans l'espace?

REFRAIN Quel est le mode des verbes du premier vers? Pourquoi sont-ils à ce mode? Pourquoi le choix de la nuit et non pas de l'aube par exemple? Que signifie l'heure qui sonne? Quel est le ton du premier vers? Y a-t-il dans ce premier vers un rappel de la première strophe? Quel thème la première partie du deuxième vers rappelle-t-elle? A quel mode sont les verbes du second vers? Soulignez l'antithèse de ce vers. Comment ce vers traduit-il deux conceptions différentes du temps? C'est-à-dire, comment ce vers souligne-t-il la différence entre le temps extérieur, ou objectif, et le temps intérieur, ou subjectif? Quelles émotions le poète exprime-t-il ici? Comment le fait-il? Tous les verbes de ce refrain suggèrent-ils un mouvement ou y a-t-il aussi une tentative de se fixer dans le temps ou dans l'espace?

DEUXIÈME STROPHE Comment se tient le couple? Qu'est-ce que cette attitude semble représenter? A quel mode et à quelle personne est le verbe du premier vers? Qu'a-t-il en commun avec le dernier verbe du refrain? En quoi en est-il différent? Quelle image du troisième vers a été introduite dans le premier vers? « Tandis que » peut être compris de deux façons. Quelles sont-elles? Que soulignent-elles en ce qui concerne la tentative du poète d'échapper à la fuite du temps? Rétablissez l'ordre normal en prose des trois derniers vers. Qu'est-ce qui passe « sous / Le pont de nos bras »? Pourquoi l'onde est-elle « si lasse »? Qu'est-ce que cela peut indiquer sur la rapidité et la durée du mouvement? De quels « regards » s'agit-il ici? Dans quel sens sont-ils « éternels »? Quel est le ton de la strophe? Diffère-t-il de celui de la première strophe?

REFRAIN L'effet des deux vers, est-il précisément celui produit par le refrain après la première strophe? Sinon, quel est l'effet de la répétition?

TROISIÈME STROPHE Le premier vers rappelle quels autres vers du poème? Le poète a-t-il déjà employé le verbe de ce vers? S'en servira-t-il encore? Quel est l'effet de cette répétition? Par quel mot le poète rend-il plus frappante la fuite de la Seine? Quelle image le poète souligne-t-il par cette comparaison? Pourquoi le poète répète-t-il dans le deuxième vers la première partie du premier vers? Avec quel effet? Quel est le ton du troisième vers? Comment ce vers s'oppose-t-il aux deux vers précédents? Est-ce que ce vers vous surprend, c'est-à-dire, est-ce que le poète ne semble pas se contredire puisqu'il se plaint ailleurs de la fuite du temps? Alors, comment expliquez-vous ce vers : dans quel sens ou quand est-ce que la vie est lente? Quel autre vers du poème ce vers rappelle-t-il? Comment le poète écrit-il « Espérance »? Pourquoi l'écrit-il ainsi? Dans quel sens l'espérance peut-elle être « violente »? Qu'espère le poète?

REFRAIN Quel est l'effet de cette répétition du refrain? Est-ce que le ton du refrain change suivant celui de la strophe qui le précède?

QUATRIÈME STROPHE A quel mode sont les verbes du premier vers? Expliquez. Que rappelle cette structure grammaticale? Quelle progression remarquez-vous dans le vers? Quel est le ton du vers? Comment le deuxième vers résume-t-il dans un sens le vers précédent? Qu'est ce qu'il y a d'intéressant dans le choix de l'adjectif ici? Quel est le ton du troisième vers? Quelle semble être l'attitude du poète? Qu'est-ce qu'il y a d'étrange dans la structure grammaticale de ces deux vers? Qu'est-ce qu'il y a d'intéressant dans le choix du quatrième vers? Comment la signification du vers a-t-elle changé depuis son premier emploi? Quel est le ton de la strophe?

REFRAIN Quel est le ton des deux derniers vers?

Conclusion

Comment l'attitude du poète change-t-elle au fur et à mesure que le poème avance? Quelles sont les deux conceptions du temps exprimées par le poète? Quelle est l'attitude dominante du poète? Est-il au désespoir, ou est-il plutôt résigné à la réalité de la vie? Par quels moyens le poète rend-il plus émouvante l'expression de ses sentiments? Le sens de ce poème est-il particulier ou plutôt universel? Comment la forme et les images du poème sont-elles liées aux thèmes exprimés?

EXPLICATION

« Le Pont Mirabeau » de Guillaume Apollinaire a paru en 1913 dans le recueil *Alcools*. Le poème se compose de quatre strophes suivies d'un même refrain. Chaque strophe est composée de trois décasyllabes, le deuxième vers (de quatre syllabes) et le troisième vers (de six syllabes) constituant ensemble un décasyllabe. Le refrain comprend deux vers de sept syllabes. Le poème emploie quatre rimes; la première et la dernière strophe ont une rime identique.

Une scène parisienne inspire au poète une méditation lyrique sur la fuite du temps et de l'amour — méditation dans laquelle le poète balance entre la résignation douloureuse au changement inévitable et un espoir violent de permanence.

« Sous le pont Mirabeau coule la Seine » : dans ce premier vers le poète décrit d'un ton tout à fait objectif le mouvement de l'eau de la Seine sous le pont Mirabeau à Paris. Le vers exprime certainement un mouvement, celui de l'eau qui coule; il suggère en même temps une permanence, car malgré la fuite de l'eau, la Seine reste toujours la Seine : le fleuve demeure. L'image du pont, opposée à celle de l'eau qui coule, souligne aussi l'antithèse entre la fuite et la durée. Vu ainsi, le premier vers fait pressentir une des idées directrices du poème : celle de la fuite du temps et de l'amour d'un côté, et du désir de permanence qu'éprouve le poète de l'autre.

Si le premier vers du poème est tout objectif dans sa constatation de la réalité extérieure, le deuxième vers surprend par la transition qu'il effectue au monde de la subjectivité. Il nous projette immédiatement dans un monde tout autre que celui du monde extérieur objectif. La disposition typographique de cette partie du décasyllabe signale l'élément nouveau que le vers introduit dans le poème et met en relief le mot-clef « amours ». L'adjectif possessif « nos » dans ce vers fait apparaître dans le décor du premier vers celui qui parle et une femme aimée, ou d'un point de vue général, il place dans le décor n'importe quel couple d'amoureux, que ce soit le poète et une femme aimée ou le lecteur et la personne qu'il aime. La conjonction « et » au début de ce vers relie l'expression « nos amours » au premier vers du poème; ainsi les amours sont associées au mouvement, à la fuite de l'eau. Elles sont devenues transitoires.

La question que pose le troisième vers : « Faut-il qu'il m'en souvienne » traduit une émotion de douleur et de lassitude. La forme impersonnelle de cette question suggère que le poète ne peut rien contre le souvenir, qu'il est en quelque sorte incapable de ne pas se souvenir de la fuite des amours. Le pronom « en » dans ce troisième vers se rapporte au deuxième vers du poème. Mais le manque de ponctuation rend possible un double rapport; c'est-à-dire, le pronom « en » sert aussi d'antécédent au quatrième vers de la strophe. Ce vers, « La joie venait toujours après la peine », exprime comme le premier vers un mouvement, une succession dans le temps. Le verbe « venait », renforcé par l'adverbe « toujours », suggère un retour alterné entre la joie et la peine. Si le vers semble à première vue exprimer une triste vérité, c'est-à-dire qu'il faut souffrir avant d'être heureux, il traduit en même temps un espoir voilé : s'il y a alternance entre la joie et la peine, il est toujours possible que la peine finisse pour être suivie de la joie. Dans cette première strophe le poète souligne donc le changement : la fuite de l'eau, la fuite des amours, mais aussi la fuite de la peine.

Les deux subjonctifs du premier vers du refrain semblent traduire la résignation du poète devant la fuite du temps. Le premier subjonctif « vienne la nuit » rappelle le verbe « venait » du vers précédent et crée la récurrence, le retour dont il était question dans ce vers. Par le choix de la nuit dans cette expression, le poète crée une tonalité de désespoir, la nuit suggérant une mélancolie profonde. On peut sentir que le poète sait qu'il est inévitable que les jours s'écoulent, que le temps passe, mais par les subjonctifs il semble donner son approbation à ce passage du temps.

Dans le second vers du refrain le poète reprend un ton objectif : il constate la réalité contre laquelle il ne peut rien. Le temps passe comme la Seine coule sous le pont Mirabeau. Mise en opposition à cette réalité se trouve celle de la durée, de la permanence dans la conscience du poète. Mais c'est une permanence solitaire; le poète, seul, échappe au changement qui a lieu tout autour de lui. Pour la première fois le poète parle à la première personne du singulier, soulignant ainsi sa solitude. On peut interpréter cette partie du refrain (« je demeure ») de deux façons. D'un point de vue, elle indique que le poète n'échappe au changement que pour rester seul, que pour souffrir après la fuite des amours. Vu ainsi, le refrain traduit une résignation douloureuse à la souffrance solitaire. Vue d'une autre optique, cette partie du vers souligne que le poète est conscient, dans sa solitude, du passage du temps et de la souffrance; mais si l'on s'appuie sur le dernier vers de la première strophe, on sait que le poète est conscient aussi du retour alterné de la joie et de la peine. Le vers apparaît alors comme une sorte de défi mêlé d'espoir : malgré la fuite du temps, malgré la fuite des amours, le poète demeure; il continue à vivre et pourra peut-être éprouver de nouvelles amours, profiter d'un renouveau effectué par le temps.

Dans la deuxième strophe du poème le poète revient à la première personne du pluriel employée dans l'expression « et nos amours » : « Les mains dans les mains restons face à face ». L'impératif du verbe exprime une volonté d'établir une sorte de permanence à deux. Ce vers marque donc une progression après la dernière partie du refrain; à « je demeure » le poète espère pouvoir substituer « nous demeurons ». Le couple d'amoureux se regarde, les mains dans les mains; leur position rappelle la structure d'un pont, symbole de permanence. Les amoureux essaient d'établir par ce fragile lien physique une permanence plus solide, mais les deux répétitions (« mains... mains », « face... face ») dans ce vers soulignent le fait que malgré la tentative de s'unir, de s'immobiliser contre le changement, les deux personnes sont toujours bien distinctes. Si ce premier vers établit le désir d'une permanence à deux, le deuxième vers rappelle immédiatement le thème du changement. Le choix de l'expression « tandis que » indique que malgré cette tentative d'établir une permanence, il y a un changement qui a lieu pendant que les amoureux sont là, les mains dans les mains. La préposition « sous » est mise en relief par la disposition typographique de cette partie du décasyllabe; elle fait écho ainsi au premier mot du poème. L'écho est prolongé par les deux premiers mots du vers suivant qui répètent mot à mot le début du poème : « Tandis que sous / Le pont de nos bras passe ». Cette répétition rend explicite la comparaison entre le couple se tenant les mains et la structure du pont. Tandis qu'au premier vers de la strophe le couple est séparé par les répétitions, ici les deux amoureux sont unis par le pronom « nos ». Le verbe « passe », souligné par sa situation à la fin du vers, se range dans le groupe de verbes qui expriment le mouvement (« couler », « se souvenir », c'est-à-dire faire un mouvement en arrière, « venir », « s'en aller ») et accentue ainsi le changement qui a lieu en dépit de la tentative du couple de se fixer dans le temps.

On peut comprendre le dernier vers de la strophe de plusieurs façons. Par exemple, on peut voir l'ordre « des éternels regards l'onde si lasse » comme une inversion poétique dans laquelle « des éternels regards » est le complément de nom de « l'onde ». Ceci soulignerait le lent et infini écoulement des regards des amoureux. Ou bien, on peut considérer comme l'ordre logique des mots de ce vers : l'onde (qui est) si lasse des éternels regards. Dans ce cas l'onde qui passe sous le pont des bras des amants rappelle évidemment la Seine qui coule sous le pont Mirabeau. Le choix du substantif « l'onde » insiste sur la qualité mobile de l'eau. L'expression « si lasse » qui qualifie l'onde lui attribue le pouvoir de réagir contre « les éternels regards », c'est-à-dire contre les regards qui se veulent éternels, regards des couples d'amoureux comme ceux du couple qui se tient les mains dans les mains. L'onde est « si lasse », peut-être, car elle a bien souvent reflété ces regards et en connaît la futilité. Si l'adjectif « lasse » et l'adverbe « si » soulignent la fréquence et la récurrence de cette tentative, ils soulignent aussi la durée, la permanence de l'eau. Cette permanence même de l'onde fait comprendre la qualité transitoire des regards qui se veulent éternels, qui veulent se perpétuer mais qui sont destinés à disparaître, emportés par l'eau agitée.

Par la répétition du refrain le poète souligne d'abord le thème de la récurrence. Le refrain présente de nouveau un double aspect. S'il reprend d'un côté l'idée du défi exprimé dans le premier vers de la strophe précédente (« restons face à face »), il exprime de l'autre un sentiment de lassitude chez le poète qui revient à la première personne du singulier : « je demeure ». Le « nous » de la strophe précédente a disparu; le poète est encore une fois isolé et las de sa solitude.

« L'amour s'en va comme cette eau courante. » Le premier vers de la troisième strophe rend explicite la signification des deux premiers vers du poème : la Seine, comme nos amours, coule sous le pont Mirabeau. Le poète établit dans ce vers une équivalence entre la fuite de l'amour et la fuite du temps par l'emploi du verbe (« L'amour s'en va ») dont il s'est servi dans le refrain (« Les jours s'en vont »). L'adjectif « courante » qui qualifie l'eau ajoute à l'idée du mouvement celle de la rapidité et aide à faire comprendre combien les amours sont transitoires. Le premier vers de cette strophe se présente comme une constatation plutôt objective de la ressemblance entre la fuite des amours et celle de l'eau. La répétition au deuxième vers de l'expression « L'amour s'en va » fait sentir la réaction subjective du poète devant cette constatation — une réaction de profonde mélancolie, sinon d'amertume. Il semble répéter ce vers « L'amour s'en va » pour se convaincre de sa vérité, vérité contre laquelle lutte « l'Espérance » qui entraîne le poète à vivre. Le troisième vers, introduit par l'exclamatif « comme », développe davantage le ton de mélancolie. Le vers fait penser au refrain (« je demeure ») en soulignant la souffrance prolongée due à la permanence. Mais, vu d'une autre optique, si l'on se rappelle ici l'idée du retour alterné de la joie et de la peine, l'exclamation peut être sentie comme un appel impatient de la part du poète à qui la joie tarde à revenir. Le dernier vers de la strophe apporte à l'appui de cette interprétation l'évocation d'une espérance violente et extrêmement vive qui entraîne le poète à attendre un renouveau même s'il faut souffrir pendant l'attente. L'attitude du poète envers la fuite du temps est donc ambivalente : s'étant résigné avec douleur au fait que les jours s'en vont, emportant avec eux les amours, le poète ne peut s'empêcher de souhaiter le passage du temps pour qu'il apporte la possibilité d'un renouveau de l'expérience de l'amour et de la joie.

Le refrain, quand il revient ici, souligne cette ambivalence du poète : la résignation douloureuse à la fuite du temps d'une part, et l'espoir violent en un renouveau de l'autre.

Si l'on considère que les verbes au premier vers de la quatrième strophe sont à l'indicatif, ce vers se présente comme une simple constatation, mêlée de tristesse, de la succession de jours et de semaines qui constitue le passage du temps. Mais si l'on considère ces verbes comme des subjonctifs, ce qui semble être autorisé par la similarité de structure entre ce vers et le premier vers du refrain, le vers semble être un défi impatient. Le poète paraît vouloir précipiter la fuite du temps car « la vie est lente ». La disposition typographique du deuxième décasyllabe (« Ni temps passé / Ni les amours reviennent ») met en relief l'adjectif « passé » et crée une opposition entre cet adjectif et les verbes du premier vers. Tandis que les « passent » du premier vers projettent le poète vers le futur, vers les jours et les semaines qui vont s'écouler, l'adjectif accentue ici la qualité irrévocable de la fuite du temps. C'est avec nostalgie et avec douleur que le poète constate cette vérité du changement éternel et définitif : le passé ne reviendra point; les amours ne reviendront pas non plus, excepté sous la forme du souvenir. « Sous le pont Mirabeau coule la Seine » : la répétition du premier vers du poème ramène le poète au point de départ; la reprise des rimes de la première strophe accentue ce mouvement circulaire. Dans un sens le cercle est fermé; la méditation recommence. La Seine continuera à couler, les amours continueront à s'en aller, le poète continuera à tenter de se fixer dans le temps, d'établir une permanence à deux. Il continuera enfin à espérer de cette espérance violente. Mais l'existence du poète est faite du passage du temps et des amours, comme celle de la Seine est faite de l'écoulement de ses eaux. Leur permanence n'est que fluidité.

La répétition finale du refrain traduit alors la résignation douloureuse, la lassitude et aussi cette espèce de défi impatient du poète : peu lui importe que la nuit vienne, que l'heure sonne; bien que les jours s'en aillent, le poète, lui, demeure.

Ce poème est avant tout remarquable par son unité de forme et de fond. Le poète se sert avec maîtrise des ressources poétiques pour suggérer une interprétation personnelle et nuancée d'un thème universel : celui des réactions ambivalentes de l'homme envers les changements effectués par la fuite du temps.

La suppression de toute ponctuation confère au poème un mouvement sans contrainte qui s'accorde parfaitement avec l'image centrale du poème, celle de l'eau qui coule, et avec un de ses thèmes principaux, la succession incessante des jours et des semaines. Les sonorités du poème servent à suggérer cette même continuité : les voyelles qui dominent la musique du poème, surtout le son *ou* qui y apparaît dix-huit fois dans des mots clefs (« sous », « coule », « amours », « souvienne », « toujours », « jours », « courante »), évoquent le cours fluide du temps et de l'eau. Ceci est renforcé par l'emploi répété de la consonne *n* dans la rime de la première et la dernière strophes et par l'allitération.

Le poète enrichit le thème de la récurrence par une technique sûre. Les multiples échos dans le vocabulaire très limité de ce poème, la répétition du refrain et la forme circulaire du poème correspondent à ce thème de la récurrence et en donnent une évidence poétique.

La forme circulaire du poème sert enfin à souligner le thème de la permanence souhaitée par le poète. Le poème n'a pas de conclusion définitive : le poète demeure, et cette méditation lyrique, admirable par sa musique suggestive, par sa simplicité et par son analyse pénétrante, continue.

✑ *Correspondances*

...Or qu'est-ce qu'un poète (je prends le mot dans son acception la plus large), si ce n'est un traducteur, un déchiffreur[1]? Chez les excellents poètes, il n'y a pas de métaphore, de comparaison ou d'épithète qui ne soit d'une adaptation mathématiquement exacte dans la circonstance actuelle, parce que ces comparaisons, ces métaphores et ces épithètes sont puisées dans l'inépuisable[2] fonds de l'*universelle analogie*...

(« Réflexions sur quelques-uns de mes contemporains » 1861)

La Nature est un temple où de vivants piliers
Laissent parfois sortir de confuses paroles;
L'homme y passe à travers des forêts de
    symboles
Qui l'observent avec des regards familiers.

Comme de longs échos qui de loin se con-
    fondent °   se... merge
Dans une ténébreuse et profonde unité,
Vaste comme la nuit et comme la clarté,
Les parfums, les couleurs et les sons se ré-
    pondent.

Il est ° des parfums frais comme des chairs °   Il... There are flesh
    d'enfants,
Doux comme les hautbois, ° verts comme   oboes
    les prairies,
— Et d'autres, corrompus, riches et triom-
    phants,

---

[1] Decipherer.
[2] **Puisées...** drawn from inexhaustible.

Ayant l'expansion des choses infinies,
Comme l'ambre, ° le musc, le benjoin ° et
    l'encens, °
Qui chantent les transports ° de l'esprit et
    des sens.

ambergris ben-
    zoin

incense

ecstasies

᎒ *Les Fleurs du mal* (*1857*)

QUESTIONS

Situation

Dans quel recueil ce poème a-t-il été publié? A quelle date?

Forme

Quelle sorte de poème est-ce? Quelle sorte de vers emploie-t-il? Quelle est la disposition des rimes?

Sujet

Qu'exprime ce poème? Quelle vision du monde présente-t-il? Quelle théorie poétique?

Analyse

PREMIER QUATRAIN   Que remarquez-vous sur la façon dont le mot « Nature » est écrit? Comment faut-il comprendre ce mot? Qu'est-ce qu'un temple? Qu'est-ce qui se passe dans un temple? Quelle sorte de communication a lieu dans un temple? Entre qui? Comment la Nature est-elle « un temple »? De quoi est fait un pilier généralement? Expliquez l'image des « vivants piliers ». Qu'est-ce que cette image évoque? Comment cette image évoque-t-elle à la fois la Nature et un temple? Est-ce que généralement on « laisse sortir » une parole? Quel ou quels verbes emploierait-on habituellement avec « parole »? Pourquoi Baudelaire a-t-il choisi de dire « laissent sortir »? Quelle est la valeur du mot « parfois »? Pourquoi pas « toujours »? Que veut dire « confuses »? Les paroles ici sont-elles confuses pour celui qui les entend ou ceux qui les laissent sortir? Des piliers peuvent-ils ou savent-ils parler? Alors comment interpréter l'image? Dans quel sens le mot « homme » est-il employé? Où l'homme passe-t-il? Quelle image déjà présentée « les forêts de symboles » rappellent-elles? Qu'est-ce que c'est qu'un symbole? Voyez-vous un rapport entre le mot « symbole » et le titre du poème? L'image des « forêts de symboles » semble indiquer qu'il y a combien de symboles dans la nature? De quelle sorte de symboles s'agit-il ici? Que veut dire « observer »? Des forêts peuvent-elles observer? Généralement conçoit-on l'être humain comme observateur ou observé? Pourquoi Baudelaire a-t-il interverti les rôles? Que veut dire « familier »? Comment les regards des forêts de symboles sont-ils familiers? De quelle sorte de correspondances s'agit-il dans ce quatrain?

SECOND QUATRAIN   Où dans le premier quatrain aurait-on pu entendre un écho? Y a-t-il une analogie entre une correspondance et un écho? Qu'est-ce qui est « comme de longs échos qui se confondent »? Pourquoi ces échos se confondent-ils « de loin » et non pas « au loin »? Comment perçoit-on un écho? Que veut dire « ténébreuse »? Perçoit-on une « ténébreuse » unité et une « profonde » unité de la même façon? Quel est l'effet obtenu par la juxtaposition de ces deux adjectifs? Qu'est-ce qui est « vaste comme la nuit et comme la clarté »? A quoi applique-t-on généralement l'adjectif « vaste »? Dans quel sens la nuit est-elle vaste? Dans quel sens la clarté est-elle vaste? Quel est l'effet de l'antithèse exprimée dans ce vers? Comment les parfums, les couleurs et les sons peuvent-ils se répondre? Savez-vous ce que le mot « synesthésie » veut dire? De quelle sorte de correspondances s'agit-il ici? Est-ce le même genre de correspondances que celles du premier quatrain?

PREMIER TERCET   Comment ce tercet est-il lié à ce qui le précède? Que veut dire « Il est » dans le premier vers? Par lequel de vos sens vous rendez-vous compte de la présence d'un parfum? Quel serait un parfum « frais » par exemple pour vous? Par lequel de vos sens savez-vous que la chair d'un enfant est fraîche? Quelle qualité morale la fraîcheur d'un enfant évoque-t-elle? Quelle correspondance ce vers établit-il? Pouvez-vous donner un exemple d'un parfum « doux »? Par lequel de vos sens savez-vous qu'un hautbois est doux? Quelle qualité morale cette comparaison évoque-t-elle? Quelle correspondance cette comparaison établit-elle? Qu'est-ce que les chairs d'enfants, les hautbois et les prairies ont en commun? Par quel signe de ponctuation voyez-vous qu'il se fait une transition au troisième vers? Quel mot « autres » remplace-t-il? Qu'est ce qui sont « corrompus, riches et triomphants »? Quelle correspondance y a-t-il entre ces adjectifs? Quelles qualités morales ces adjectifs évoquent-ils?

SECOND TERCET   Que forme ce tercet avec le tercet précédent? Qu'est-ce qui a « l'expansion des choses infinies »? Quelle image du second quatrain le mot « expansion » rappelle-t-il? Dans quel sens les choses infinies ont-elles une expansion? A quelles « choses infinies » pense le poète? Pour quoi emploie-t-on particulièrement les deux premières substances? Quel adjectif du tercet précédent leur est particulièrement destiné? Pourquoi? Où emploie-t-on particulièrement les deux dernières substances? Quelle image du premier quatrain ceci vous rappelle-t-il? Quel adjectif du tercet précédent leur est particulièrement destiné? Pourquoi? Quel adjectif peut s'appliquer aux quatre parfums? Un parfum peut-il chanter? Dans quel sens le poète emploie-t-il ce verbe? Que veut dire « transports »? Y a-t-il antithèse ou analogie entre l'esprit et les sens? Quel rapport y a-t-il entre l'esprit et les sens et le reste du poème?

Conclusion

Combien de fois le mot « comme » apparaît-il dans le poème? Cela est-il surprenant? Quel rôle joue le titre du poème? Combien de sortes de correspondances sont exprimées dans le poème? Que peut-on atteindre à travers les correspondances? Quelle activité strictement humaine, ou civilisée si vous voulez, fait appel aux « transports de l'esprit et des sens »?

EXPLICATION

Le poème « Correspondances » de Charles Baudelaire fait partie des *Fleurs du mal* publié en 1857. Ecrit en vers alexandrins, c'est un sonnet qui se compose de deux rimes embrassées, suivies d'une rime croisée et d'une rime plate.

Dans ce sonnet Baudelaire présente et illustre une théorie sur la nature de l'univers visible et sur le rôle du poète, interprète des signes, déchiffreur des symboles qui l'entourent dans la Nature extérieure, et seul être capable de s'introduire dans l'au-delà spirituel.

Le titre que choisit Baudelaire, « Correspondances », suggère au lecteur qu'il s'agira dans ce poème de liens, de rapports, d'analogies ou de communications entre plusieurs êtres ou objets non-précisés dans le titre. Le premier vers du sonnet présente au lecteur un de ces êtres dont il a soupçonné l'existence. La Nature, écrite avec une majuscule qui lui confère une signification étendue, désigne ici l'univers visible, extérieur, considéré comme distinct de l'univers invisible, spirituel. « La Nature est un temple » : cette image est évocatrice; le mot « temple », endroit où a lieu une communication entre l'homme et le monde spirituel, confère une certaine solennité et une sorte de froideur et de majesté à la Nature. Le poète élargit l'image du temple en introduisant de « vivants piliers ». L'emploi de l'adjectif « vivants » pour qualifier « piliers » peut surprendre à première vue. Mais c'est en effet à travers cette expression que le poète réussit à mêler inextricablement la Nature et le temple, l'animé (« vivants ») et l'inanimé (« piliers »). De leur juxtaposition ressort une autre image, celle des arbres, de « vivants piliers » entre terre et ciel. Ces « vivants piliers » du temple « laissent parfois sortir de confuses paroles ». Ce vers éclaircit le rôle de la Nature : elle n'existe pas pour et par elle-même; elle est plutôt un intermédiaire entre l'au-delà spirituel et l'homme. Quelles sont ces « confuses paroles » que la Nature ne prononce pas mais laisse parfois sortir? Elles sont le langage de cet autre monde, un langage de symboles, signes matériels d'une réalité immatérielle. Les paroles sont donc, par leur nature même, difficiles à déchiffrer, confuses, indistinctes pour celui qui les entend.

Le troisième vers de ce quatrain fait entrer dans le décor l'homme qui vit dans la Nature, qui « passe à travers des forêts de symboles », la plupart du temps sans les remarquer, sans les comprendre. Il faudra un homme privilégié, doué d'une vision et d'une imagination extraordinaires pour comprendre et décrire le sens caché de cette « forêt de symboles »; cet homme sera le poète. Aidé d'une espèce de seconde vue, il pourra y reconnaître les reflets d'un univers supra-sensible. L'expression « forêts de symboles » nous ramène aux « vivants piliers » qui ont préparé cette image et suggère par le mot « symboles » l'idée du temple, d'un rapport et d'une communication entre le matériel et l'immatériel. Les « forêts de symboles » observent l'homme avec des « regards familiers ». Le poète souligne dans ce vers un peu étonnant la passivité de la plupart des hommes; il met en relief aussi le fait que l'univers semble comprendre l'homme tandis que l'homme ne le comprend pas. Les « regards familiers » de l'univers servent à faire ressortir qu'il passe souvent dans les « forêts de symboles » : la Nature est accoutumée à l'homme qui la fréquente habituellement, parfois sans l'interroger ou sans comprendre ses signes, sauf dans le cas du poète.

Ce premier quatrain pose, par sa structure même, le problème du sonnet : celui de la dualité entre le matériel et l'immatériel, entre la Nature et l'au-delà spirituel. Le mot « symboles » employé au troisième vers est la clef de la solution que trouvera le poète : ce sera précisément à travers les symboles, les signes matériels que lui offre la Nature, que le poète pourra percevoir l'au-delà et, ce faisant, substituer à la dualité présente une harmonie et une unité qui le hantent. Ce sera enfin à travers les symboles qu'il parviendra à suggérer cette unité aux hommes. Il s'agit donc dans ce quatrain de correspondances entre le monde matériel et le monde spirituel.

Les correspondances dont il s'agit dans le second quatrain sont d'un ordre différent. Le quatrain se présente comme une longue comparaison dont les termes se trouvent au premier (« de longs échos ») et au dernier vers (« les parfums, les couleurs et les sons »). On peut comprendre par ces « longs échos », qui font penser aux « confuses paroles » du premier quatrain, soit des échos de longue durée, donc des échos extrêmement complexes, soit des échos qui traversent de longues distances, donc des échos inextricablement mêlés. Dans les deux cas on sait qu'il s'agit d'échos si bien fondus les uns dans les autres qu'il n'est plus possible de distinguer leurs sources individuelles. Ces longs échos sont fondus dans une « ténébreuse et profonde unité » : unité ténébreuse car elle est obscure, secrète, impossible à pénétrer, unité profonde car elle s'est faite de loin. Le substantif « unité » est un mot-clef du poème qui se place en opposition à la dualité exprimée dans le premier quatrain; elle suggère l'unité de l'au-delà spirituel, unité à laquelle aspire le poète. Cette unité est « vaste comme la nuit et comme la clarté » : l'antithèse sur laquelle ce vers est construit suggère d'abord la dualité dont il est question dans le premier quatrain, mais « la nuit » et « la clarté », considérées ensemble, se complètent pour créer l'unité que recherche le poète. Elles se complètent en ce qu'elles contiennent entre elles les limites extrêmes de la lumière et en ce qu'elles sont toutes les deux vastes, intenses, expansives, inclusives. Comme ces échos qui se fondent parfaitement les uns dans les autres, « les parfums, les couleurs et les sons se répondent ». Baudelaire présente ici la théorie de la synesthésie, théorie selon laquelle une sensation peut évoquer une sensation secondaire d'un ordre différent; c'est à dire qu'il y a des équivalences entre les données des divers sens (l'audition colorée, par exemple). Les parfums, les couleurs et les sons « se répondent » donc (le verbe nous ramène de nouveau aux « confuses paroles ») dans le sens qu'ils s'évoquent, s'appellent les uns les autres. Cette communication entre les sensations donne une sorte de preuve d'un accord fondamental, d'une unité des choses et, par conséquent, d'une unité originelle de l'univers.

Il est à remarquer que le poète crée dans ce quatrain où il est question de « longs échos » une série d'échos par la répétition du même son nasal (« long », « confondent », « profonde », « sons », « répondent ») et par le triple emploi du mot « comme » qui sert à souligner le thème des correspondances. Dans ce quatrain il s'agit non pas de correspondances entre le matériel et l'immatériel, mais plutôt de celles entre les données des divers sens.

Si dans les quatrains Baudelaire présente la théorie des correspondances et de la synesthésie, dans les tercets il illustre cette théorie. Choisissant comme point de repère les parfums, un des stimulants les plus riches et évocateurs, il illustre le phénomène de la synesthésie en montrant les possibilités de correspondances entre les parfums, les couleurs et les sons. Il fait ressortir les liens entre ces derniers en employant des adjectifs qui s'appliquent à la fois à deux objets et qui, dans chaque cas, font appel à un sens différent.

« Il est des parfums frais comme des chairs d'enfants » : la fraîcheur d'un parfum peut évoquer la fraîcheur des chairs d'enfants. Le poète mélange ici des sensations olfactives d'une part et tactiles et visuelles de l'autre. Au deuxième vers du tercet, « Doux comme les hautbois, verts comme les prairies », le poète suggère d'autres phénomènes de synesthésie : un parfum doux peut évoquer la tonalité nostalgique de la musique des hautbois. Il s'agit d'associations spontanées et intuitives entre les sensations olfactives et auditives. Enfin le poète donne l'exemple des parfums qui suggèrent le vert et par là les prairies, identifiant ainsi des sensations olfactives et visuelles. Il est à noter que les trois adjectifs dont il se sert dans ces deux vers (« frais », « doux », « vert ») évoquent des qualités morales d'innocence, de pureté, mais les correspondances établies proviennent avant tout d'associations entre les données des divers sens.

Dans les vers qui suivent, cependant, les correspondances se forment entre des données des sens et des idées morales. Il existe, dit le poète, d'autres parfums, des parfums d'un registre différent : « corrompus, riches et triomphants » qui ont le pouvoir mystérieux de provoquer une sorte d'ivresse, qui ont « l'expansion des choses infinies ». Le substantif « expansion », dont le sens est renforcé par la diérèse de sa syllabe « -sion », rappelle l'adjectif « vaste » du second quatrain et prépare le substantif « transports » du dernier vers. L'expression « choses infinies » développe davantage l'idée d'une expansion sans limites. Les noms des parfums riches qui ont cette expansion vers l'au-delà, « l'ambre, le musc, le benjoin et l'encens », suggèrent par leur musique (surtout par la répétition des voyelles nasales pro-longées qui ont une qualité expansive et sensuelle) leur capacité d'exciter et d'exalter l'esprit et les sens. Ces parfums lourds et sensuels « chantent les transports de l'esprit et des sens ». Le choix du verbe « chanter » fait penser de nouveau aux « forêts de symboles » qui « laissent parfois sortir de confuses paroles » et rappelle aussi les « parfums, les couleurs et les sons » qui « se répondent ». Il s'agit dans tous ces cas d'un objet inanimé doué d'un pouvoir de communication, capable de révéler à l'homme par un langage obscur l'unité essentielle entre les choses ici-bas, unité qui donne un aperçu sur l'unité parfaite de l'au-delà. Le verbe « chanter », préféré à un verbe tel que « parler » par exemple, insiste sur la qualité spéciale qu'ont ces parfums « corrompus, riches et triomphants » de créer une sorte d'ivresse totale où se trouvent engagés et l'esprit et les sens de l'homme et de provoquer ces « transports » capables d'enlever l'homme à sa condition habituelle pour le projeter dans une sorte d'extase qui crée en lui momentanément l'unité qu'il recherche.

Bien que ce sonnet semble traiter de plusieurs sujets — correspondances verticales entre le matériel et le spirituel, correspondances horizontales entre les données des divers sens et correspondances entre les données des sens et des idées morales — l'unité du poème est assurée par le fait que toutes les différentes correspondances ont un même effet : celui de vaincre la dualité foncière de l'expérience humaine, de trouver une unité et un ordre dans les divers matériaux qu'offre la Nature à l'homme. La première sorte de correspondances, celle des « forêts de symboles », montre que l'univers visible n'est qu'un vaste magasin d'images et de signes qui re-flètent l'au-delà supra-sensible où tout est harmonie et unité. Les corres-pondances entre les données des divers sens révèlent la parenté essentielle de toutes choses. Et enfin les correspondances entre les données des sens et des idées morales créent par moments chez l'homme l'unité qui lui permet de participer à l'harmonie de l'au-delà.

La tâche du poète devient alors de déchiffrer pour les hommes à qui manque son sens divinatoire cette harmonie essentielle de toutes choses, cette unité dans les correspondances. La langue poétique ayant à sa base la métaphore et l'analogie et s'adressant à la sensibilité à l'esprit est seule capable d'accomplir cette tâche. Elle seule peut « chanter les transports de l'esprit et des sens ».

❧ *Poème à la mystérieuse*

J'ai tant rêvé de toi
que tu perds ta réalité
Est-il encore temps d'atteindre ° ce corps vivant et de   reach
    baiser sur cette bouche la naissance de la voix qui
5   m'est chère.
J'ai tant rêvé de toi
que mes bras habitués en étreignant ° ton ombre ° à   embracing
                                              shadow
    se croiser sur ma poitrine ne se plieraient ° pas   fold
    au contour de ton corps peut-être.
10 Et que, devant l'apparence réelle de ce qui me hante
    et me gouverne depuis des jours et des années
Je deviendrais une ombre sans doute,
O balances sentimentales.
J'ai tant rêvé de toi qu'il n'est plus temps sans doute
15   que je m'éveille. Je dors debout le corps exposé à
    toutes les apparences de la vie et de l'amour et
    toi, la seule qui compte aujourd'hui pour moi, je
    pourrais moins toucher ton front et tes lèvres que
    les premières lèvres et le premier front venu. °   premier... any
                                                brow at all
20 J'ai tant rêvé de toi
    tant marché, parlé, couché avec ton fantôme qu'il ne
    me reste plus peut-être, et pourtant, qu'à être
    fantôme parmi les fantômes et plus ombre cent
    fois que l'ombre qui se promène et se promènera   blithely cad-
25   allègrement ° sur le cadran solaire ° de ta vie.   ran... sun-
                                                dial

❧ *Corps et biens (1930)*

QUESTIONS

Situation

Dans quel recueil ce poème a-t-il été publié? A quelle date?

Forme

Quelle sorte de poème est-ce? En combien de parties se divise-t-il?

Sujet

Pourquoi le poète a-t-il écrit ce poème? Qu'est-ce qu'il y a de remarquable dans la conception de l'amour présentée dans ce poème?

Analyse

LIGNES UN A CINQ Qui parle? Quel rôle le titre joue-t-il? Pourquoi le poète appelle-t-il ainsi celle à qui il s'adresse? Quelle personne emploie-t-il pour lui parler? Quel semble être le lien entre les deux? Le poète a-t-il vraiment rêvé de cette femme? Y a-t-il plus d'une façon de rêver? Dans quels sens est-ce qu'une personne peut perdre sa réalité? Quel sens faut-il entendre ici? Que font les deux premières lignes par rapport au reste du poème? Comment résument-elles le conflit (l'antithèse) de base de tout le poème? Appréciez la structure de la question « Est-il encore temps...? » Quelle est la valeur du verbe « atteindre » qu'emploie le poète ici? De quel « corps vivant » s'agit-il ici? Pourquoi ne dit-il pas « ton » corps? Quelle est la valeur de l'adjectif « vivant » ici? A quelle idée se rattache-t-il? Pourquoi le poète craint-il de ne pas avoir le « temps d'atteindre ce corps »? De quelle bouche s'agit-il? Pourquoi ne dit-il pas « ta » bouche? Que veut-il baiser sur cette bouche? Quelle est la fonction de cette première partie du poème? Quelle question pose-t-elle? Quels sons dominent cette partie du poème? Avec quel effet?

LIGNES SIX A DOUZE   Quel est l'effet de la répétition de « J'ai tant rêvé de toi » ici? A quoi les bras sont-ils habitués? Pourquoi ses bras se croisent-ils sur sa poitrine? Quand le poète étreint-il l'ombre? Quelle ombre? Qu'indique l'emploi de ce mot? Quelle progression voyez-vous dans la description de la femme? Quel est le mode du verbe « plieraient »? Pourquoi ce mode? Quelle antithèse voyez-vous dans la description de la femme ici? Quelle est la valeur de l'expression « peut-être »? Quelle attitude souligne-t-elle? Pourquoi le poète commence-t-il par les mots « Et que »? Quelle semble être son intention? Quelle antithèse trouvez-vous dans l'expression « l'apparence réelle »? Qu'est-ce qui est le plus réel pour celui qui parle : le rêve ou la réalité, le corps vivant ou l'ombre? Qu'est-ce qui hante le poète? Depuis quand? Qu'est-ce que ceci souligne? Quel est le mode du verbe « deviendrais »? Qu'est-ce que ce mode indique? Dans quel sens celui qui parle deviendrait-il une ombre? Pourquoi? Pourquoi le poète ajoute-t-il l'expression « sans doute »? A quel autre adverbe déjà employé pensez-vous? Quelle progression voyez-vous de l'un à l'autre?

LIGNE TREIZE   Cherchez le mot « balance » dans le dictionnaire. Quelles sont ses diverses significations? Dans quel sens le poète emploie-t-il le mot? Pense-t-il au sens propre ou au sens figuré? Si c'est au sens propre, que pèse-t-il? Si c'est au sens figuré, quel équilibre souligne-t-il? Pourquoi l'emploi au pluriel? Pourquoi ces balances sont-elles « sentimentales »? Quel rapport y a-t-il entre ce vers et ce qui a précédé? Et ce qui va suivre? Quel rôle ce petit vers joue-t-il dans la structure du poème? Comment le rythme et le son de ce vers sont-ils équilibrés?

LIGNES QUATORZE A DIX-NEUF   Comment la première phrase diffère-t-elle de ce que l'on a déjà vu? Quels autres mots de la première partie du poème le poète reprend-il ici? Qu'est-ce qu'il semble faire dans la première phrase de cette partie du poème? Pourquoi emploie-t-il l'expression « sans doute »? Où l'a-t-il déjà employée? Quelle attitude exprime-t-elle? Le poète est-il endormi? Alors, pourquoi parle-t-il de s'éveiller? S'éveiller à quoi? Dort-il vraiment « debout »? Dans quel sens dort-il? Pourquoi le corps seul est-il exposé à toutes les apparences? Qu'est-ce que ceci souligne? Où avez-vous déjà trouvé le mot « apparences »? Les « apparences de la vie », sont-elles la vie? Et les « apparences... de l'amour »? Pour qui l'amour et la vie ne sont-ils représentés que par des apparences? Pourquoi le poète lie-t-il les deux phrases : « les apparences de la vie et de l'amour » et « et / toi, la seule qui compte aujourd'hui pour moi »? A qui ce « toi » s'applique-t-il? La seule quoi? femme? personne? réalité? Dans quel sens est-elle « la seule » qui compte? Pourquoi « aujourd'hui »? Qu'est-ce que ceci souligne? Quel est le mode du verbe « pourrais »? Pourquoi le poète ne pourrait-il pas toucher le front et les lèvres de la femme? Quelles autres expressions du poème ces mots rappellent-ils en particulier? Que veut dire « les premières lèvres ou le premier front venu »? Pourquoi serait-il plus facile au poète de toucher les premières lèvres et le premier front venu? Quelle est la fonction de cette partie du poème par rapport au reste?

LIGNES VINGT A VINGT-CINQ Comment le poète change-t-il la construction du vers qu'il répète ici? Quelles sont les significations du mot « fantôme »? Dans quel sens semble-t-il l'employer plus particulièrement ici? Pourquoi? Les verbes « marcher », « parler », « coucher » évoquent-ils pour vous un monde concret ou abstrait? Et un fantôme? Qu'est-ce que le poète souligne en disant « tant marché, parlé, couché avec ton fantôme »? Est-ce que le poète a décrit la mystérieuse en tant que fantôme auparavant? Quelle est la différence entre une ombre et un fantôme? Quelle progression voyez-vous dans la description de la femme? A quel temps est le verbe « reste »? Pourquoi? Qu'est-ce qui reste seulement au poète? Pourquoi ajoute-t-il « peut-être »? Où a-t-on déjà vu cet adverbe? Quel rôle « Et pourtant » joue-t-il? Quelle émotion traduit-il? Comment pourrait-on traduire cette expression? Comment le poète peut-il devenir fantôme? Qu'est-ce qu'il faut entendre par là? Parmi quels fantômes veut-il être fantôme? Comment peut-il être ombre? Et comment « cent fois plus ombre »? Qu'est-ce que ceci signifie? Quelles balances avons-nous ici? Quelle est cette ombre qui se promène? A quels temps le poète emploie-t-il le verbe « se promener »? A-t-il employé le futur ailleurs dans le poème? Qu'est-ce que son emploi ici souligne? Pourquoi l'ombre se promènera-t-elle « allègrement »? Qu'est-ce c'est qu'un cadran solaire? A quoi sert-il? Comment fonctionne-t-il? Que faut-il pour qu'il fonctionne? Pourquoi l'image d'un cadran solaire et non pas celle d'une horloge par exemple? Dans quel sens la vie de la femme est-elle un cadran solaire? Qu'est-ce que ceci indique sur l'attitude de celui qui parle? Quelle est la fonction de cette partie du poème? Quels sons dominent cette partie? Quelle est la conclusion de celui qui parle?

Conclusion

Quelle est l'attitude du poète envers la réalité traditionnelle? Quelle autre réalité l'attire davantage? A quoi réussit-il à donner la plus grande réalité? Comment? Comment crée-t-il l'atmosphère du rêve? A quoi servent les répétitions et les multiples échos du poème? Le poète réussit-il à exprimer l'intensité et la profondeur de son amour?

EXPLICATION

« Poème à la mystérieuse » de Robert Desnos fait partie du recueil *Corps et biens* qui date de 1930. Ce poème en prose se divise en quatre parties; chacune d'entre elles commence par la même expression : « J'ai tant rêvé de toi ». La prose est en général rythmée et s'accorde aux mouvements du rêve; on peut reconnaître de plus des vers de six syllabes (« J'ai tant rêvé de toi ») et des octosyllabes (« que tu perds ta réalité » ou bien « O balances sentimentales »). Ce dernier octosyllabe se trouve au milieu même du poème et en devient le centre logique.

Dans « Poème à la mystérieuse » Desnos évoque un amour fiévreux, halluciné même, pour une femme réelle au visage et au corps de chair qui, à force d'être le centre du rêve du poète, commence à perdre sa réalité pour être remplacée par son propre fantôme, une femme imaginée. Le poète exprime dans ce poème la présence obsédante de la femme dont il rêve et qui se substitue à la véritable femme. Il décrit en même temps son propre détachement progressif de la réalité, détachement dont le but est de rejoindre dans son rêve celle qu'il semble ne pouvoir jamais rejoindre dans la vie, la mystérieuse qui le hante.

Les deux premières lignes du poème (« J'ai tant rêvé de toi / que tu perds ta réalité ») annoncent dans toute leur simplicité de structure et de vocabulaire le sujet du poème. Le participe passé « rêvé » et le substantif « réalité » suggèrent l'antithèse sur laquelle se développe le poème. Les lignes présentent en même temps les deux personnages du poème : le « je » ou le poète-rêveur, celui qui parle, et « toi », la femme entourée d'un mystère que l'on comprend au fur et à mesure que l'on étudie le poème. C'est à cause de l'intensité du rêve du poète que la mystérieuse commence à perdre sa réalité : elle ne sera jamais nommée, mais elle deviendra « toi », puis une « ombre » et enfin, dans une perte de plus en plus totale de substance matérielle, finira par devenir « fantôme ». Le poète renverse dans ces deux lignes l'interprétation traditionnelle de la différence entre le rêve et la réalité. C'est-à-dire que le rêve est normalement considéré comme ce qui manque de continuité et de réalité, ou, autrement dit, la réalité est considérée comme plus tangible et réelle que le rêve. Mais le contraire est le cas ici : pour le poète, le rêve qu'il fait de la mystérieuse commence à lui apparaître plus vrai, plus réel que la réalité, que la femme en chair et en os.

Les sons plosifs *t* et *p* qui dominent ces deux premières lignes évoquent le bruit dur et aigu de la réalité. Il n'y a qu'un son nasal (« tant »), son qui suggère plutôt l'atmosphère du rêve. Le jeu subtil des sons plosifs et des sons nasaux devient de plus en plus important dans le poème, servant à souligner le conflit entre la réalité et le rêve.

Ayant annoncé par ces deux lignes simples et objectives le sujet du poème, celui du conflit dans l'esprit du rêveur entre le rêve et le réel, le poète, attiré plus par le rêve que par la réalité et inquiet à ce propos, se pose une question obsédante : « Est-il encore temps d'atteindre ce corps vivant... ? » A-t-il encore le temps de revenir à la réalité? Lui est-il toujours possible de rejoindre la femme réelle? Et si cela lui est toujours possible, saura-t-il ou même, question plus importante, pourra-t-il toujours le faire? La forme de la question que se pose le poète est intéressante, car l'emploi des adjectifs démonstratifs « ce » dans l'expression « atteindre ce corps vivant » et de « cette » dans l'expression « baiser sur cette bouche » souligne la distance que le poète sent grandir entre lui et la mystérieuse. L'adjectif « vivant » qui qualifie le substantif « corps » peut paraître superflu. Mais cet adjectif est bien significatif. D'abord, le poète semble s'en servir pour se convaincre de la réalité du corps matériel, corps qui perd de plus en plus sa présence et son importance pour lui. L'adjectif « vivant » reprend et approfondit une idée implicite dans la deuxième ligne du poème. La mystérieuse, en train de perdre sa réalité, ne meurt pas pourtant définitivement : elle meurt pour vivre d'une autre vie, vie immatérielle et spirituelle dans l'esprit du poète, vie qui ne dépendra point de son « corps vivant ». L'expression « baiser sur cette bouche la naissance / de la voix qui m'est chère » semble appartenir au langage habituel de la poésie d'amour, mais le poète souligne le fait que c'est la voix, plus que la bouche, qui lui est chère; il renforce ainsi la victoire de l'immatériel sur le matériel, du rêve sur le réel.

Tout en continuant à employer des sons durs et plosifs de consonnes (« temps », « atteindre », « baiser », « cette », « bouche »), le poète se sert aussi d'un grand nombre de sons nasaux de voyelles (« encore », « temps », « atteindre », « vivant », « naissance ») pour créer l'ambiance du rêve. Leur juxtaposition suggère la lutte entre le réel et le rêve.

Par la répétition du premier vers du poème (« J'ai tant rêvé de toi ») le poète renforce ici l'antithèse qu'il a déjà établie et en fait sentir le caractère obsédant. L'adverbe « tant » prend ici une valeur plus importante à cause de ce qui l'a précédé : si le poète craint de ne pouvoir plus se satisfaire du réel, on comprend qu'il a dû en effet faire ce rêve bien souvent. Au lieu de se demander quel sera le résultat de sa longue rêverie, comme il l'a fait dans la première partie du poème, le poète ébauche ici une hypothèse sur les résultats et tente de répondre à la question qu'il vient de se poser. Le caractère hypothétique de ces vers est souligné par l'emploi du conditionnel dans les verbes « plieraient » et « deviendrais ».

En disant que ses bras sont habitués à se croiser sur sa poitrine, le rêveur indique à la fois l'habitude (« J'ai tant rêvé ») et aussi le peu d'importance qu'il accorde à la femme réelle, au « corps vivant ». Le rêveur n'embrasse en réalité personne si ses bras se croisent sur sa poitrine. Mais du point de vue du poète, le rêveur embrasse quelque chose : il étreint l'ombre de la mystérieuse. Le choix du substantif « ombre » souligne le manque de substance, l'ombre n'étant autre chose qu'une absence de lumière. L'autre sens du mot « ombre » : la présence à demi matérialisée mais impalpable d'un mort souligne aussi la perte de substance de la mystérieuse que le rêve du poète fait passer de la vie réelle à celle du songe. Cette ombre-ci est mise en opposition au « corps vivant » de la mystérieuse. Le poète craint de ne plus pouvoir faire plier ses bras autour du corps de la femme dont il rêve, ou plutôt au « contour » de son corps. Il est intéressant de noter que le « corps vivant » est décrit ici en silhouette, ce qui nous ramène une fois de plus au mot « ombre ». Le « peut-être », placé à la fin de cette phrase, sert à souligner de nouveau le caractère hypothétique de cette constatation.

En commençant la phrase suivante par « Et que », le poète semble méditer à haute voix. Il semble penser à une autre conséquence de sa rêverie habituelle : celle de la possibilité de devenir ombre lui-même devant la femme réelle. Il se sert d'une expression particulièrement intéressante pour décrire la mystérieuse, car les termes « l'apparence réelle » semblent se contredire. L'apparence est normalement considérée comme le contraire de la réalité ou au moins comme ce qui cache une réalité plus profonde. Ici le poète parle de l'apparence « réelle » pour souligner que ce qui est réel pour autrui n'est qu'une « apparence réelle » pour lui. L'expression souligne aussi le fait que ce qui « hante » le rêveur (et le verbe « hanter » n'est certainement pas trop fort, car il s'agit effectivement d'une obsession) n'est point « l'**apparence** réelle » mais plutôt le rêve devenu réel, la vision idéalisée de la mystérieuse. Le fait que ce « rêve réel » hante et gouverne le rêveur « depuis des jours et des années » renforce encore une fois le premier vers du poème (« J'ai tant rêvé de toi »).

La seconde constatation hypothétique du rêveur dans cette partie du poème c'est qu'il est possible que le rêveur devienne, lui aussi, une ombre. Cette idée est très importante car on commence à se rendre compte que ce n'est pas seulement la mystérieuse, mais que c'est le rêveur aussi qui perd sa réalité comme résultat de sa rêverie. On est tenté de relire la première phrase du poème en la transformant en « J'ai tant rêvé de toi / que **je** perds **ma** réalité ». L'expression « sans doute » à la fin de cette phrase marque une progression de certitude sur le « peut-être » de la phrase précédente.

L'interjection « O balances sentimentales » crée un ton de mélancolie profonde et traduit tout le tourment dont souffre le poète-rêveur. Cette image est bien évocatrice : on peut comprendre les balances au sens de compensation, équilibre. Comprises ainsi, les balances souligneraient l'idée des échanges qui se font entre elle-réelle et elle-irréelle d'une part et lui-réel et lui perdant sa réalité d'autre part. On revient à ce mouvement de pendule qui commence par être régulier entre le réel et l'irréel et, marqué par le mouvement du poème lui-même, se termine en un cercle où réel et irréel se sont fondus autour du cadran solaire. On peut aussi comprendre les balances au sens d'instruments qui servent à mesurer de façon mécanique le poids d'un corps. Comprises ainsi, les balances mettraient en relief la difficulté du rêveur qui est en train de peser le rêve et la réalité. L'adjectif « sentimentales », qui surprend quand il qualifie le substantif « balances », évoque toute l'antithèse du poème : le matériel (« balances ») et le spirituel (« sentimentales »). En même temps il indique la nature du choix que doit faire le rêveur : ce sera un choix basé sur un sentiment devenu hantise, l'amour rêvé.

Cette expression « O balances sentimentales » se trouve au milieu du poème, séparant les deux premières parties des deux dernières parties. Cette séparation ressemble à celle que fait le poète entre le rêve et la réalité. Par son rythme et par la répétition symétrique des sons *al/an/ce*, le poète souligne cette division nette, ce balancement dont il est question.

Avec la deuxième répétition de la première phrase du poème (« J'ai tant rêvé de toi qu'il n'est plus temps sans doute »), le poète crée une série d'échos : l'expression « il n'est plus temps » reprend la forme de la question posée dans la première partie du poème (« Est-il encore temps... ») et répond à cette question. De même, le « sans doute » crée un effet de symétrie en rappelant son emploi à la fin de la deuxième partie du poème. Le poète répond à la question en indiquant qu'il ne pourra probablement pas s'éveiller à la réalité. Le sens de l'expression « que je m'éveille » est éclairci par la phrase suivante : le rêveur ne dort pas dans le sens traditionnel; il dort « debout », c'est-à-dire physiquement éveillé, mais son esprit ne s'occupe pas de ce qui se passe autour de lui. Son esprit est tendu vers le rêve. En effet le corps du rêveur est « exposé à toutes les apparences de la vie ». On retrouve ici un mot-clef du poème, le substantif « apparences ». Comme dans son emploi plus haut (« devant l'apparence réelle de ce qui me hante »), il signifie ici ce qui est accepté normalement comme la réalité. Mais pour le rêveur toute l'activité autour de lui n'est qu'une apparence de la vie. La vraie vie, la vie authentique, réside pour lui dans le rêve. Le rêveur est exposé non seulement aux apparences de la vie mais aussi à celles de l'amour. Celles-ci n'ont pas plus d'authenticité pour lui que les apparences de la vie des sens. Cette partie de la phrase rappelle et rend plus claires plusieurs idées déjà exprimées dans le poème, celles du « corps vivant » et du « contour du corps » de la mystérieuse. Cette phrase renforce de nouveau l'expression « J'ai tant rêvé de toi »; on se rend compte maintenant que le poète, qui dort « debout », rêve constamment, et le

« tant » veut donc dire « continuellement » et non pas « fréquemment » comme on aurait pu le croire au début du poème.

Mise en opposition aux « apparences de la vie et de l'amour » se trouve la mystérieuse. La structure de cette phrase (« et / toi, la seule qui compte ») suggère l'effet de la rêverie par l'emploi d'une conjonction, là où on pourrait s'attendre à trouver une nouvelle phrase. Le rêveur décrit la mystérieuse comme « la seule qui compte aujourd'hui pour moi ». Par cette description et surtout par l'emploi de l'adjectif « seule » sans substantif, il souligne combien son monde est réduit. Si la mystérieuse est vraiment la seule **femme** qui compte pour lui, elle est aussi la seule **personne** qui compte pour lui. La mystérieuse compte même plus que la propre vie du rêveur, car il acceptera de devenir ombre pour elle. Enfin la mystérieuse est la seule **réalité** qui compte pour lui; le reste de la réalité n'est qu'apparence. Mais cette seule femme, personne, réalité n'est pas la femme du « corps vivant », la personne de « l'apparence réelle », la réalité traditionnelle, car le rêveur ne pourrait pas toucher le « corps vivant », le front et les lèvres de la mystérieuse. L'expression de cette idée, déjà formulée dans le poème, est particulièrement réussie : non seulement le rêveur dit qu'il ne pourrait toucher le front et les lèvres de la mystérieuse, mais il rend cette idée bien plus puissante par la comparaison qu'il établit : il pourrait moins les toucher qu'il ne pourrait toucher « les premières lèvres et le premier front venu ». Il lui serait en effet plus facile de toucher ces dernières, bien que l'expression elle-même souligne sa réticence à le faire. L'image des premières lèvres et du premier front venu est riche; elle évoque et approfondit l'idée exprimée à plusieurs reprises : celle de la difficulté qu'éprouve le rêveur à prendre contact avec le réel. On comprend avec quelle difficulté le rêveur s'efforcerait de toucher le front et les lèvres de n'importe quelle femme et, par conséquent, combien il lui serait impossible de rejoindre le « corps vivant » de la mystérieuse.

Dans la troisième et dernière répétition du premier vers du poème (« J'ai tant rêvé de toi / tant marché, parlé, couché avec ton fantôme »), le poète rend plus claire et plus intense que jamais la force de sa hantise habituelle. Les trois verbes qui suivent « J'ai tant rêvé » expliquent en quoi consiste la rêverie du poète qui dort debout et se rapportent à d'autres images du poème. Le rêveur marche avec le fantôme de la mystérieuse, activité qui prépare l'image, à la fin du poème, de l'ombre qui « se promène et se promènera » à jamais sur le cadran solaire. Le poète parle avec le fantôme de la mystérieuse; ceci rappelle les mots « la voix qui m'est chère » et suggère aussi que tout ce poème n'est peut-être qu'une de ces conversations avec le fantôme de la mystérieuse. Le poète couche avec le fantôme de la femme aimée, ce qui rappelle la deuxième partie du poème (« J'ai tant rêvé de toi que mes bras habitués... »). La mystérieuse est maintenant devenue fantôme, chimère que se forme l'esprit. Elle est donc entièrement abstraite de son « corps vivant », mais les verbes employés se rapportent à des actions que l'on fait avec une personne réelle. Lui, le poète, les fait avec un fantôme : le réel et le rêve se sont mêlés et c'est le rêve qui l'emporte. Le poète constate qu'à cause de l'intensité de sa rêverie continuelle il ne lui reste plus « peut-être » qu'à être fantôme. Le « peut-être » fait écho à la même expression dans la deuxième partie du poème et indique toujours une incertitude de sa part. Mais l'emploi de l'expression « et pourtant » qui, mise à part, prend une importance particulière dans la phrase, modifie la signification de ce « peut-être ». « Et pourtant » traduit une réaction de tristesse, de tourment et de résignation; mais en même temps il traduit l'idée d'un choix délibérément fait. Le rêveur semble accepter d'être fantôme parmi les fantômes. On voit réalisé ici ce que l'on avait soupçonné auparavant : la mystérieuse perd sa réalité et pour la rejoindre il faudra que le rêveur perde la sienne aussi. Cette image du fantôme parmi les fantômes évoque une scène pareille à celle des Champs-Elysées de l'Antiquité et nous rappelle l'emploi du mot « ombre ». Un de ces fantômes parmi lesquels vivra le rêveur sera celui de la mystérieuse. Il faudra non seulement que le poète devienne fantôme pour rejoindre la mystérieuse, mais aussi qu'il devienne transparent. Le poète, qui par sa rêverie intense s'est désassocié de la réalité, devra devenir « plus ombre cent fois » qu'il ne l'est déjà. Il devra devenir plus ombre que l'ombre qui se promène et continuera à se promener dans ce monde de rêve. Et quel sera l'itinéraire du rêveur dans ce monde de rêve? Il tracera un plan circulaire, une ronde hallucinante, tournant avec celle qui le hante, la mystérieuse. La métaphore du cadran solaire est fascinante; elle fait penser d'abord aux « balances sentimentales » car et le cadran solaire et les balances servent à mesurer la réalité dans le sens traditionnel (le temps et le poids). L'image est intéressante aussi car elle est exacte au point de vue technique : c'est en effet par l'ombre projetée sur le cadran solaire que l'on détermine l'heure. De plus le cercle est éternel, se répétant avec chaque tour du soleil.

On peut voir le cadran solaire comme le cercle représentant la vie de la mystérieuse, cercle sur lequel la projection de son ombre à elle marque l'écoulement du temps. L'adverbe « allègrement » se rapporterait alors à l'écoulement de la vie de la mystérieuse en opposition à la tristesse de la vie actuelle du poète et suggérerait que seul ce bonheur de l'autre est celui auquel le poète peut tendre. Il est important de noter que le dernier verbe du poème (« se promènera ») est au futur, le seul verbe au futur de tout le poème. Ce changement radical dans le temps et le mode des verbes (le présent et le conditionnel ayant dominé le reste du poème), semble indiquer que le parti est pris : le poète a renoncé définitivement à la réalité pour vivre désormais dans le monde du rêve.

Dans « Poème à la mystérieuse » Robert Desnos réussit admirablement à communiquer à son lecteur la force hallucinatoire de l'amour devenu hantise qu'il éprouve pour la mystérieuse. Son succès est dû en grande partie à la répétition de plus en plus insistante du premier vers du poème, à la récurrence évocatrice de plusieurs mots clefs du poème (« corps », « apparence », « ombre », « fantôme ») et au jeu subtil de sons nasaux, dont les sonorités dominent la dernière partie du poème, servant à suggérer l'ambiance du rêve. Tous ces échos jouent un rôle primordial dans la création du poème, aidant à évoquer par leur musique véritablement suggestive, l'hallucination du songe. L'atmosphère du rêve est accrue enfin par la transformation du mouvement pendulaire du commencement du poème, mouvement entre le réel et l'irréel, en un mouvement circulaire et hypnotique.

~§ Textes avec
questions

ALFRED DE MUSSET (1810–1857)

⊸§ Tristesse

Lorsqu'il écrivit ce poème, Musset, l'enfant terrible et précoce du roman-
tisme, se sentait déjà épuisé physiquement et moralement par une vie assez
agitée et dissolue.

J'ai perdu ma force et ma vie,
Et mes amis et ma gaîté;
J'ai perdu jusqu'à ° la fierté   even
Qui faisait croire à mon génie.

Quand j'ai connu la Vérité,
J'ai cru que c'était une amie;
Quand je l'ai comprise et sentie,
J'en étais déjà dégoûté.

Et pourtant elle est éternelle,
Et ceux qui se sont passés d' ° elle   se... have done
Ici-bas ont tout ignoré.   without

Dieu parle, il faut qu'on lui réponde.
Le seul bien qui me reste au monde
Est d'avoir quelquefois pleuré.

ɜ❧ *Revue des Deux Mondes (le 1ᵉʳ décembre 1841)*

73

QUESTIONS

Situation

Dans quel recueil ce poème a-t-il été publié? En quelle année? Quel âge avait le poète? Quelle sorte de vie menait-il à cette époque?

Forme

Quelle sorte de poème est-ce? Combien de syllabes y a-t-il dans chaque vers? Est-ce habituel pour ce genre de poème? Quel effet le poète semble-t-il rechercher? Quelle est la disposition des rimes?

Sujet

S'agit-il ici simplement de tristesse? Pourquoi le poète a-t-il écrit ce poème?

Analyse

PREMIER QUATRAIN Qui parle? A quelle personne? A quel temps? Quel est l'effet de ce temps? Dans quel ordre le poète énumère-t-il ses pertes? Qu'est-ce qu'il entend par « ma force »? Qu'est-ce qu'il entend par « ma vie »? Est-ce qu'il est mort? Alors, comment comprendre « perdu ma vie »? Combien de fois la conjonction « et » est-elle répétée dans les deux premiers vers? Avec quelle intention? Comment cette répétition renforce-t-elle l'idée de la perte? Est-ce que le poète a vraiment perdu ses amis? Et sa gaîté? Comment expliquez-vous le sens du vers? Par quel verbe le troisième vers commence-t-il? Avec quel effet? Est-ce que le poète a perdu la fierté? Est-ce que le poète croit toujours à son génie? Le poète pense-t-il avoir encore du talent? Quel est le temps du verbe au quatrième vers? Qu'indique l'emploi de ce temps? L'objet direct de « faisait croire » est sous-entendu. Pouvez-vous l'exprimer? Quel est le ton de la strophe? D'où vient le ton? Comment pourrait-on caractériser la structure et le langage de la strophe?

SECOND QUATRAIN   Quel est le temps du verbe au premier vers? Quel est l'effet de ce temps? Quand est-ce que le poète a « connu » la vérité? Pourquoi emploie-t-il ce verbe? Quel autre verbe aurait-il pu employer? Alors, expliquez toute la valeur de ce verbe. Qu'est-ce que la majuscule du mot « Vérité » indique? De quelle « Vérité » le poète parle-t-il? Quel est le temps du premier verbe du deuxième vers? Qu'est-ce que l'emploi de ce temps souligne? Dans quel sens la vérité peut-elle être « une amie »? Par quel mot le troisième vers commence-t-il? Quelle est l'importance de ce choix? Où avez-vous vu une structure semblable dans le poème? Quel est le temps du verbe dans ce vers? Pourquoi ce temps? Qu'est-ce que le poète a compris et senti? Quel serait le verbe que l'on associerait plus généralement avec « la vérité »? Pourquoi le poète a-t-il employé ces deux verbes? Veulent-ils dire précisément la même chose? Alors, expliquez la nuance qu'exprime le poète. Comparez ces deux verbes au verbe employé au premier vers de ce quatrain. S'agit-il de trois activités entièrement différentes? De quoi le poète était-il « dégoûté »? Pourquoi est-ce qu'il en était dégoûté? Résumez les deux réactions du poète envers la vérité. Que veut dire le poète par l'expression « j'en étais déjà dégoûté »? Quel état d'esprit cela indique-t-il de sa part? Quelles sont les caractéristiques les plus importantes de la structure et du langage de la strophe? Quel est le ton de la strophe?

PREMIER TERCET   Par quel mot ce tercet commence-t-il? Avec quel effet? Pourquoi le poète emploie-t-il le mot « pourtant »? Qu'est-ce qu'il semble contredire? A quoi ou à qui le pronom « elle » fait-il référence? Dans quel sens est-ce que « elle » est immortelle? Par quel mot le deuxième vers commence-t-il? Pourquoi le poète répète-t-il ce mot? A qui le mot « ceux » fait-il référence? Le poète est-il compris dans ce groupe? De quoi ou de qui se sont-ils passées? Pourquoi est-ce qu'ils se sont passés d'elle? Que signifie l'expression « ici-bas »? Avec quel mot du tercet cette expression contraste-t-elle? Que veut dire « ignorer »? Dans quel sens est-ce que ces personnes ont « tout » ignoré? Le poète considère-t-il la vérité comme essentielle à l'homme? S'il en a été dégoûté, la faute en est-elle à lui ou à la vérité?

SECOND TERCET   Est-ce que ce tercet est lié au tercet précédent et au poème entier? Comment? Dans quel sens Dieu parle-t-il? Comment? Par quel moyen faut-il que l'on réponde? A qui? Quelles sont les réponses possibles? Quelle réponse le poète a-t-il donnée? Quel est le ton du deuxième vers? Qui parle ici? Comment ce vers est-il lié au vers précédent? Quel bien reste-t-il au poète? Quels autres biens avait-il auparavant? (Relisez le premier quatrain.) Que souligne la dernière partie du vers? Avec quel mot du premier tercet ce vers contraste-t-il? Expliquez la structure du dernier vers. Quelle est la forme du verbe? Pourquoi le poète a-t-il pleuré? Dans quel sens est-ce un bien? Quelle est la valeur de ce bien? Quel est le ton de la strophe?

Conclusion

Quel rôle le titre du poème joue-t-il? Est-ce que le poète est seulement triste? Quelles attitudes exprime-t-il? Le poète réussit-il à créer une unité dans cette œuvre? Comment? Quel est le ton du poème? Quelles sont les caractéristiques dominantes du style? Dans ce poème vous trouvez une des facettes de l'état d'esprit romantique. Pouvez-vous la décrire telle qu'elle vous est présentée ici, en particulier en termes d'attitudes devant la connaissance intellectuelle et l'expérience affective?

JACQUES PRÉVERT (né en 1900)

❧ Déjeuner du matin

Il a mis le café
Dans la tasse
Il a mis le lait
Dans la tasse de café
5 Il a mis le sucre
Dans le café au lait
Avec la petite cuiller
Il a tourné
Il a bu le café au lait
10 Et il a reposé la tasse
Sans me parler

Il a allumé
Une cigarette
Il a fait des ronds °   rings
15 Avec la fumée
Il a mis les cendres °   ashes
Dans le cendrier
Sans me parler
Sans me regarder

20 Il s'est levé
Il a mis
Son chapeau sur sa tête
Il a mis son manteau de pluie
Parce qu'il pleuvait
25 Et il est parti

Sous la pluie
Sans une parole
Sans me regarder

Et moi j'ai pris
30 Ma tête dans ma main
Et j'ai pleuré °   cried

  Paroles (*1946*)

QUESTIONS

Situation

Dans quel recueil ce poème a-t-il paru? En quelle année?

Forme

Les vers de ce poème riment-ils? Ont-ils le même nombre de syllabes? Comment appelez-vous cette sorte de vers? Quel procédé de style le poète a-t-il employé pour unifier son poème?

Sujet

Ce poème est-il une simple description?

Analyse

Qui parle? Combien de personnages y a-t-il dans le poème? Où trouvez-vous la réponse à cette question? Combien de parties y a-t-il dans le poème? Comment ces parties sont-elles séparées?

VERS UN A ONZE Que décrit la première partie du poème? Quel est le premier mot du poème? Est-ce important? A quel temps sont les actions décrites? Qu'est-ce que ce temps indique? Ajoute-t-il à l'effet dramatique? Les actions décrites sont-elles extraordinaires? Sont-elles lentes ou rapides? Quelle sorte de verbes domine cette partie du poème? Quelle sorte de vocabulaire est employée dans cette partie du poème? Quel vers marque la fin de cette partie? Quel autre rôle ce vers joue-t-il? Où est la seule mention de la personne qui parle? Se mentionne-t-elle en tant que sujet ou objet? Est-ce important?

VERS DOUZE A DIX-NEUF Que décrit la deuxième partie? Quel est le premier mot? Sur quoi le regard de la personne qui fume est-il probablement fixé? Comment le savez-vous? A quel temps sont les actions décrites? Ici aussi, les actions sont-elles extraordinaires? Lentes ou rapides? Quelle sorte de vocabulaire domine cette partie du poème? Quel vers marque la fin de cette partie? Voyez-vous une progression ou des variations dans l'emploi de ce vers? Quelle addition trouvez-vous à la fin de cette partie? Que souligne-t-elle?

VERS VINGT A VINGT-HUIT Que décrit la troisième partie? Pourquoi la personne qui parle dit-elle « Il a mis / **Son** chapeau sur **sa** tête » quand on dirait normalement « Il a mis son chapeau » tout court? Que souligne-t-elle? Le détail de la pluie ajoute-t-il quelque chose à la scène? « Parce qu'il pleuvait » ne semble pas nécessaire; pourquoi faire cette remarque? Indique-t-elle quelque chose? En quoi le vers « Sans me parler » s'est-il changé ici? Pourquoi?

VERS VINGT-NEUF A TRENTE ET UN Pendant les trois parties précédentes du poème, qu'a fait la personne qui parle? Comment ceci change-t-il dans les trois derniers vers? Pourquoi à ce moment et pas avant? Combien de fois la personne qui parle se mentionne-t-elle ici? Se mentionne-t-elle en tant que sujet ou objet? Pourquoi emploie-t-elle les pronoms possessifs dans le vers « **Ma** tête dans **ma** main »? Que souligne-t-elle?

Conclusion

Que sentez-vous sous le prosaïsme de la description? Comment et pourquoi le poète emploie-t-il des pronoms personnels? Quelle sorte de mur y a-t-il entre les deux personnages? Comment le poète nous fait-il sentir ce mur? Quels sont les sentiments de la personne qui parle? De celle qui ne parle pas? Y a-t-il un désaccord entre ce qui est raconté et la manière de le raconter? Avez-vous trouvé le poème émouvant? sentimental?

VICTOR HUGO   (1802–1885)

◄§ Demain, dès l'aube

Le 4 septembre 1843, la fille de Victor Hugo, Léopoldine Vacquerie, se noya dans la Seine avec son jeune mari pendant une promenade en bateau. Elle avait dix-neuf ans. Hugo apprit que sa fille était morte par un article dans un journal, lu par hasard alors qu'il était en voyage dans le sud de la France.

3 quatrains

Demain, dès l'aube, ° à l'heure où blanchit   dawn
    la campagne,
Je partirai. Vois-tu, je sais que tu m'attends.
J'irai par la forêt, j'irai par la montagne.
Je ne puis demeurer loin de toi plus long-
    temps.

demeurer ⇒ to remain

Je marcherai les yeux fixés sur mes pensées.
Sans rien voir au dehors, sans entendre au-
    cun bruit,
Seul, inconnu, le dos courbé, ° les mains   bent
    croisées,
Triste, et le jour pour moi sera comme la
    nuit.

Je ne regarderai ni l'or du soir qui tombe,
Ni les voiles ° au loin descendant vers Har-   sails
    fleur,[1]
Et quand j'arriverai, je mettrai sur ta tombe
Un bouquet de houx ° vert et de bruyère °   holly   heather
    en fleur.

symbol of permanence + fidelity

&bw; *Les Contemplations*; écrit le 3 septembre 1847

---

[1] Petit port sur l'estuaire de la Seine.

se lamenter

81

QUESTIONS

Situation

Dans quel recueil ce poème a-t-il été publié? A quelle date? Quelle est la signification de la date du poème?

Forme

Quelle sorte de poème est-ce? Combien a-t-il de strophes? Combien de vers y a-t-il dans chaque strophe? Quelle sorte de vers le poète emploie-t-il? Quelle est la disposition des rimes?

Sujet

Pourquoi Hugo a-t-il écrit ce poème?

Analyse

PREMIÈRE STROPHE   Qui parle? A qui s'adresse-t-il? Quand commencera le voyage? Quelle progression temporelle peut-on déceler dans la lumière qui éclairera ce départ? Pourquoi cette progression? Savez-vous la source du mot « aube »? Pourquoi la campagne va-t-elle blanchir? Est-ce normal dans la description de l'aube? Quel est l'effet du rejet « Je partirai »? A quel temps sont les autres verbes du deuxième vers? Quel ton le poète emploie-t-il dans ce vers? Quels mots en particulier donnent cette impression? Si vous ne saviez pas ce qui était arrivé en 1843, à qui croiriez-vous que le poète s'adresse? Pourquoi s'en va-t-il? Les termes du troisième vers sont-ils spécifiques ou généraux? Que remarquez-vous sur la structure de ce vers? Quel effet le vers produit-il? Comment le quatrième vers complète-t-il et explique-t-il le deuxième vers? Maintenant quelle idée se fait-on de la raison du départ? Combien de fois le mot « je » paraît-il dans la première strophe? Quel est l'effet de cette répétition? Comparez le rythme des deux premiers vers et des deux derniers vers. Que remarquez-vous? Pourquoi le poète emploie-t-il le futur et pourquoi emploie-t-il le présent? Quel est le ton de la strophe?

DEUXIÈME STROPHE   Quels sont les deux premiers mots de cette strophe? Sont-ils un écho de deux autres verbes de la première strophe? Quelles progressions et projections continuent ainsi? Fixe-t-on normalement les yeux sur ses pensées? Quelles seront ces pensées? Comment le deuxième vers explique-t-il le premier? Quel vers de la première strophe a une structure similaire à celle de ce deuxième vers? Quels paysages traversera le poète? Qu'est-ce qu'il aurait pu voir? Qu'est-ce qu'il aurait pu entendre? Pourquoi va-t-il négliger ces spectacles et ces sons? Quels mots dominent dans le troisième vers? Lesquels marquent un état d'esprit? Lesquels marquent une façon de se tenir? Dans quelle progression le poète les présente-t-il? Imaginez la silhouette du poète telle qu'il la décrit dans ce vers. Quelle impression vous fait-elle? Quelle est l'importance du mot « Triste » au début du quatrième vers? Quelle est la fonction de cet adjectif? Le mot « et » y paraît pour la première fois dans le poème; quel effet produit-il? Quelle idée déjà exprimée la dernière partie du vers résume-t-elle? A quel moment du jour sommes-nous?

TROISIÈME STROPHE   Qu'est devenu le « Sans rien voir » de la strophe précédente dans le premier vers de cette strophe? Quelle différence y a-t-il entre « voir » et « regarder »? Comment les deuxième et troisième strophes sont-elles liées? De quel moment du jour le poète parle-t-il maintenant? Comparez la lumière ici avec celle du commencement. Est-ce que le voyage sera long? Précisez. Pourquoi le poète ne voudra-t-il pas regarder « l'or du soir »? Où est Harfleur? Pourquoi le poète ne voudra-t-il pas regarder les voiles? Que pourraient-elles lui rappeler? Quel tournant dans le voyage du poète le mot « Et » marque-t-il? Quel est le terme du voyage? Pourquoi le poète a-t-il attendu la fin du poème pour le mentionner? Que remarquez-vous sur la rime du premier et du troisième vers? Quel effet cela produit-il? Quelles fleurs mettrait-on habituellement sur une tombe? Le choix du poète vous a-t-il surpris? Où pousse le houx? Où pousse la bruyère? Qu'est-ce que le houx évoque? La bruyère? Pourquoi les avoir choisis? Quelle est la disproportion qui ressort entre la longueur, la difficulté du voyage et le geste du poète une fois arrivé? Dans quel dessein le poète a-t-il créé cette disproportion?

Conclusion

Quels sont les thèmes principaux de ce poème? Sont-ils nouveaux? De quelle manière sont-ils exprimés? Si vous avez trouvé ce poème beau, en quoi consiste sa beauté? Le poème vous a-t-il touché? Comment? Pourquoi?

84

❧ L'Étranger

Qui aimes-tu le mieux, homme énigmatique, dis? ton père, ta
    mère, ta sœur ou ton frère?
— Je n'ai ni père, ni mère, ni sœur, ni frère.
— Tes amis?
5 — Vous vous servez là d'une parole dont le sens m'est resté
    jusqu'à ce jour inconnu.
— Ta patrie?
— J'ignore sous quelle latitude elle est située.
— La beauté?
10 — Je l'aimerais volontiers, déesse et immortelle.
— L'or?
— Je le hais comme vous haïssez Dieu.
— Eh! qu'aimes-tu donc, extraordinaire étranger?
— J'aime les nuages... les nuages qui passent... là-bas...
15   là-bas... les merveilleux nuages!

❧ *Le Spleen de Paris* (*1869*)

QUESTIONS

Situation

Dans quel recueil ce poème a-t-il été publié? A quelle date?

Forme

Ce poème en prose est présenté sous quelle forme? Décrivez la structure des questions et des réponses. Dans quel sens la prose est-elle poétique : par le langage? le rythme? les images?

Sujet

Quelle conception de la vie Baudelaire présente-t-il dans ce petit poème en prose? S'appliquerait-elle à tout le monde? Quel rapport y a-t-il entre le titre et le poème?

Analyse

Qui pose les questions? Et qui répond? A quelle personne celui qui pose les questions parle-t-il en s'adressant à l'autre? Et celui qui répond? Dans quel sens s'agit-il ici d'un homme « énigmatique »? Quelles sont les caractéristiques d'une telle personne? Est-ce que la première question posée ici est une question difficile? Pourquoi est-elle posée par celui qui parle? Que penseriez-vous de quelqu'un qui vous poserait une telle question? Etes-vous surpris par la réponse de l'étranger? Quelle est la significa-tion de sa réponse? Faut-il la prendre littéralement? Quelles autres interprétations voyez-vous? Commentez la forme de la question suivante. Quel style emploie-t-elle? La réponse de l'étranger vous surprend-elle, ou a-t-elle déjà été préparée en quelque sorte? Comment? Pourquoi l'étranger dit-il que le sens du mot « amis » lui est resté « jusqu'à ce jour » inconnu? Semble-t-il espérer comprendre le sens de ce mot un jour? Commentez la forme de la question suivante. Pourquoi « patrie » plutôt que « pays »?

Avec quelle intention Baudelaire réduit-il au minimum les paroles pr\
noncées par celui qui pose les questions? Voyez-vous une progression dans
les trois premières questions posées? Laquelle? Faut-il savoir sous quelle
latitude sa patrie est située pour se sentir chez soi? Savez-vous, par exemple,
sous quelle latitude votre patrie est située? Alors, expliquez la réponse de
l'étranger. N'a-t-il vraiment pas de patrie? Quelle sorte de patrie lui
manque-t-il? Quel changement voyez-vous dans la question suivante? Est-ce
que la beauté est concrète? Appréciez la valeur du mode du verbe « aimerais ». Pourquoi l'étranger ne dit-il pas qu'il « aime » la beauté, par exemple?
Si l'étranger avait continué sa réponse « Je l'aimerais volontiers, déesse
et immortelle, si... », comment aurait-il probablement terminé la phrase?
Comment le mot « déesse » est-il employé ici? Dans quel sens la beauté
est-elle « déesse »? Et « immortelle »? Comment la question suivante se
met-elle en opposition à la question précédente? Pourquoi l'étranger hait-il
l'or? Est-ce une attitude ordinaire? Pourquoi l'étranger dit-il que son in-
terlocuteur hait Dieu? Commentez l'exclamation au début de la question
suivante. Quelle émotion exprime-t-elle? Comment cette question diffère-
t-elle de toutes les questions précédentes? Quelle est la valeur du temps du
verbe « aimes » ici? Quel contraste souligne-t-il? Dans quel sens s'agit-il ici
d'un « extraordinaire étranger »? Cet étranger, qu'aime-t-il? Pourquoi
aime-t-il les nuages? Est-ce que les nuages ont ici une valeur symbolique?
Laquelle? Quelles sont les qualités essentielles des nuages? Quelle est la
signification de l'expression « les nuages qui passent »? Quelle qualité des
nuages cette expression souligne-t-elle? Pourquoi l'étranger répète-t-il « là-
bas »? Est-ce que ce « là-bas » a une valeur symbolique? Laquelle? Pourquoi
les nuages sont-ils « merveilleux » aux yeux de l'étranger? Que peuvent-ils
faire? Appréciez toute la valeur du titre du poème. Qu'est-ce qu'un
étranger? Dans quel sens s'agit-il ici d'un véritable étranger? Où ne se
sentirait-il pas étranger?

Conclusion

Comment Baudelaire a-t-il exprimé dans ce court dialogue la hantise de
l'idéal? Quel prix paie celui qui est hanté par l'idéal? Qui est l'étranger
de ce poème? Comment la série de questions englobe-t-elle d'un certain
point de vue toute l'expérience humaine?

CLÉMENT MAROT (1496–1544)

De Oui et de Nenni

Un doux Nenni, ° avec un doux   No (arch.)
  sourire,
Est tant honnête, ° il vous le faut   seemly
  apprendre;
Quant est d' ° Oui, si veniez à °   **Quant...** As for
  le dire,   (arch.)
                                        veniez... were to
D' ° avoir trop dit je voudrais   For
  vous reprendre. °   reprimand
Non que je sois ennuyé d'entre-
  prendre
D'avoir le fruit dont le désir me
  point; °   needles
Mais je voudrais qu'en me le lais-
  sant prendre
Vous me disiez : « Non, vous
  ne l'aurez point. »

Épigrammes; écrit avant 1538

88

QUESTIONS

Situation

Dans quel recueil ce poème a-t-il été publié? A peu près quand?

Forme

Combien de vers y a-t-il dans ce poème? Quelle sorte de vers le poète emploie-t-il? Quelle est la disposition des rimes?

Sujet

Quel « art de vivre » le poète propose-t-il à celle à qui il s'adresse?

Analyse

Qui parle? A qui parle-t-il? Comment le savez-vous? Savez-vous ce qu'est un « doux Nenni »? Comment un « doux Nenni » se prononce-t-il? Le mot « nenni » est-il plus doux que le mot « non »? Pourquoi? Qu'est-ce qu'un « doux sourire »? Pourquoi « avec un doux sourire »? Quel mot emploierait-on aujourd'hui au lieu de « tant »? Expliquez le sens du mot « honnête » ici. Consultez un dictionnaire si nécessaire. Rétablissez « il vous le faut apprendre » en français moderne. Identifiez ce « vous ». Que faut-il que cette personne apprenne? Evidemment pourquoi faut-il qu'elle l'apprenne? Le poète répond-il à cette question? Où? Quel est le sens de l'expression « Quant est d'Oui »? Trouvez une expression synonyme en français moderne. Quel est le sujet du mot « veniez »? Quelle est l'attitude du poète envers le mot « Oui »? Pourquoi réagit-il de la sorte? Que ferait-il si la personne à qui il s'adresse lui disait « oui »? Dit-il qu'il la reprendrait? Alors, que dit-il? Appréciez la valeur du temps du verbe « voudrais ». Etes-vous surpris qu'il ne veuille pas qu'on lui dise « oui »? Le poète semble pressé de rendre claire la signification de ce qu'il vient de dire. Comment traduit-il cette impatience? Qu'est-ce qui n'en-

nuierait pas le poète? Pourquoi emploie-t-il l'expression « d'entreprendre / D'avoir le fruit »? Quelle impression le verbe « entreprendre »
devrait-il faire sur la personne avec laquelle parle le poète? De quel fruit le
poète parle-t-il ici? Pourquoi emploie-t-il ce mot? Trouvez un verbe synonyme du verbe « point » en français moderne. Dans quel sens le désir
« point-il » le poète? Comment pourrait-on exprimer plus prosaïquement les
vers cinq et six? Quelle condition le poète semble-t-il imposer à celle à qui
il parle? Que veut-il qu'elle lui laisse prendre? Est-ce qu'il veut vraiment
qu'elle dise « non »? Que veut-il donc? De quoi s'agit-il dans ce poème
en somme?

Conclusion

Résumez le raisonnement subtil du poète. Par quels moyens arrive-t-il à
exprimer avec grâce et délicatesse l'idée qu'il veut communiquer? Aimez-
vous ce poème? Expliquez votre réponse.

PIERRE DE RONSARD   (1524–1585)

sonnet

unité

~§ Quand vous serez bien vieille

l'idée de carpe diem

Ce poème a été écrit pour Hélène de Surgères, fille d'honneur[1] à la cour de la reine mère Catherine de Médicis. A cette époque Hélène était âgée de vingt-cinq ans.

un quatrain

Quand vous serez bien vieille, au soir, à la chandelle, a   *alexandrin*
candle

Assise auprès du feu, dévidant et filant,° b

Direz, chantant mes vers, en vous émerveil- lant : b

« Ronsard me célébrait du temps que j'étais belle. » a

dévidant... winding thread off a spool and spinning it

Lors° vous n'aurez servante oyant° telle nouvelle, a

Déjà sous le labeur à demi sommeillant, b

Qui au bruit° de Ronsard ne s'aille réveil- lant, b

Bénissant votre nom de louange immortelle. a

Then (*arch.*) hearing (*arch.*)

sound

---

[1] **Fille...** lady in waiting.

Je serai sous la terre, et fantôme sans os

Par les ombres myrteux° je prendrai mon
 repos :

Vous serez au foyer une vieille accroupie,°

Regrettant mon amour et votre fier° dédain.

Vivez, si m'en croyez, n'attendez à demain :

Cueillez dès aujourd'hui les roses de la vie.

→ *Les Amours d'Hélène (1578)*

92

QUESTIONS

Situation

Dans quel recueil ce poème a-t-il été publié? A quelle date? Quel âge avait le poète? Pour qui l'a-t-il écrit? Quel âge avait-elle?

Forme

Quelle sorte de poème est-ce? Quelle sorte de vers le poète emploie-t-il? Quelle est la disposition des rimes?

Sujet

Pourquoi Ronsard a-t-il écrit ce poème?

Analyse

PREMIER QUATRAIN   Qui parle? A qui? A quel temps sont les verbes des trois premiers vers? Quel est le sujet de « direz »? A quel temps sont les verbes du quatrième vers? Pourquoi ce changement? Pourquoi le poète choisit-il le soir? Quels mots dans le quatrain évoquent une idée de lumière? Quelle sorte de lumière? Où sera la femme? Pourquoi? Qu'est-ce qu'elle sera en train de faire? Pourquoi le poète n'a-t-il pas choisi de la faire coudre ou broder par exemple? Qu'est-ce que le troisième vers nous apprend sur la renommée du poète? Pourquoi Hélène s'émerveillera-t-elle? Quelle est l'attitude de Ronsard envers lui-même? Quel est le ton de ce quatrain?

SECOND QUATRAIN   A quelle époque ce quatrain continue-t-il à être situé? Quelle nouvelle les servantes vont-elles entendre? Expliquez l'emploi de la structure négative. Qu'est-ce que les servantes seront en train de faire? Pourquoi Ronsard les décrit-il ainsi? Pourquoi vont-elles se réveiller? Qu'indique le fait qu'elles connaîtront le nom de Ronsard? Expliquez l'emploi du subjonctif au troisième vers. Quelle attitude envers lui-même Ronsard montre-t-il par l'emploi répété de son propre nom? Qui bénit le nom d'Hélène? Pourquoi? Quelle « louange immortelle » Hélène va-t-elle recevoir ou a-t-elle reçue? Pourquoi cette louange est-elle « immortelle »? Quelle indication cela nous donne-t-il sur ce que Ronsard pense de l'œuvre poétique?

PREMIER TERCET   Où sera le poète? De quel repos parle-t-il? Où, selon la mythologie, étaient ces ombres myrteux? Qui pouvait y aller? Comment le mot « ombre » rappelle-t-il la lumière du premier quatrain? Comment le poète indique-t-il qu'il sera libéré du poids du corps humain? Dans le premier quatrain Ronsard avait situé Hélène « auprès du feu »; quels mots emploie-t-il maintenant? Quelle différence y a-t-il entre eux? Par quoi le poète a-t-il remplacé le mot « assise » du premier quatrain? Comment l'image d'Hélène et de son décor a-t-elle évolué depuis le premier quatrain? Le ton change-t-il entre les deux premiers vers du tercet et le troisième?

SECOND TERCET   Ce tercet est-il vraiment séparé du premier? Pourquoi? Quel est le sens du verbe « regretter »? Comparez le premier vers de ce tercet et le quatrième vers du premier quatrain : quelle progression Ronsard a-t-il fait faire aux pensées d'Hélène? Quel contraste le poète établit-il entre son attitude envers Hélène et celle de cette dernière envers lui? A quel mode sont les deux derniers vers du poème? Comment cela fait-il changer le ton? Quel thème le poète souligne-t-il dans ces deux vers? A quelle époque sommes-nous revenus? Expliquez l'image du dernier vers.

Conclusion

A la gloire de qui ce poème a-t-il été écrit? Est-ce un poème d'amour? Pourquoi Ronsard l'a-t-il dédié à Hélène? Auriez-vous aimé recevoir ce poème comme cadeau?

FRANÇOIS VILLON   (1431–après 1463)

✍ L'Épitaphe
en forme de ballade que fit Villon
pour lui et ses compagnons
s'attendant à être pendu avec eux

A l'époque de François Villon, les exécutions de criminels se faisaient en public. Les corps restaient pendus jusqu'à ce qu'ils pourrissent et tombent d'eux-mêmes. Villon, le plus grand poète du Moyen Age, était aussi un voleur et un assassin. On ne sait pas précisément la date de la composition, mais ce poème a dû être écrit peu avant la disparition de Villon en 1463.

décasyllabe   le tercet   4 strophes

Frères humains qui après nous vivez,
N'ayez les cœurs contre nous endurcis, °   hardened
Car, si pitié de nous pauvres avez,
Dieu en aura plus tôt de vous mercis. °   mercy
Vous nous voyez ci ° attachés cinq, six :   here (*arch.*)
Quant à la chair, ° que trop avons nourrie,   flesh
Elle est piéçà ° dévorée et pourrie, °   long ago (*arch.*) / rotted
Et nous, les os, devenons cendre et poudre.
De notre mal ° personne ne s'en rie,   predicament
Mais priez Dieu que tous nous veuille ab-
  soudre!

Si vous clamons ° frères, pas n'en devez   call
Avoir dédain, quoique fûmes occis °   killed (*arch.*)
Par justice. Toutefois vous savez
Que tous hommes n'ont pas bon sens assis; °   sound
Intercédez, puisque sommes transis,[1]

un refrain

---

[1] A l'origine ce mot voulait dire « mort ». Vers le quinzième siècle il commençait à avoir aussi la signification de « glacé de froid ».

Envers le Fils de la Vierge Marie,
Que sa Grâce ne soit pour nous tarie, ° — dried up
Nous préservant de l'infernale foudre. ° — thunderbolt
Nous sommes morts, âme ne nous harie; ° — âme... let not a soul harrass us
Mais priez Dieu que tous nous veuille ab-
    soudre!

La pluie nous a bués ° et lavés — soaked (*arch.*)
Et le soleil desséchés et noircis;
Pies, ° corbeaux, ° nous ont les yeux cavés, ° — Magpies crows dug out (*arch.*)
Et arraché la barbe et les sourcils.
Jamais nul temps nous ne sommes rassis; ° — at rest (*arch.*)
Puis çà, puis là, comme le vent varie,
A son plaisir sans cesser nous charie, ° — drives
Plus becquetés ° d'oiseaux que dés à cou- — pecked
    dre. ° — dés... thimbles
Ne soyez donc de notre confrérie; ° — brotherhood
Mais priez Dieu que tous nous veuille ab-
    soudre.

ENVOI

Prince Jésus, qui sur tous as maîtrie, ° C — power (*arch.*)
Garde qu'Enfer n'ait de nous seigneurie ° :C — authority
A ° lui n'ayons que faire ni que soudre. °d — With settle (*arch.*)
Hommes, ici n'usez de moquerie,C
Mais priez Dieu que tous nous veuille ab-
    soudre! d

Seulement 4 rimes à tout.

96

QUESTIONS

Situation

Quand Villon a-t-il écrit ce poème? Dans quelles circonstances?

Forme

Quelle sorte de poème est-ce? Quelle sorte de vers le poète emploie-t-il? Combien de vers y a-t-il dans chaque strophe? Quelle est la disposition des rimes? Quel est le refrain?

Sujet

Pourquoi Villon a-t-il écrit ce poème? Quel but s'est-il proposé? Par quels moyens essaie-t-il d'y réussir?

Analyse

PREMIÈRE STROPHE La voix de qui entendez-vous? Est-il vivant ou mort? Si vous n'êtes pas sûrs, regardez le premier vers et traduisez-le en anglais. Quel effet cela vous fait-il? Quel est le ton de ce vers? Par quel mot le poème commence-t-il? Pourquoi Villon emploie-t-il ce mot? Quelle aurait été la différence si Villon avait commencé le poème par le mot « Hommes » par exemple? Pourquoi Villon emploie-t-il l'adjectif « humains » ici? Est-ce que ces frères ne seraient pas nécessairement humains? Il emploie donc l'adjectif avec quelle intention? A quels frères Villon s'adresse-t-il? S'adresse-t-il à vous personnellement? Comment le savez-vous? Pour qui parle-t-il? C'est-à-dire, le pronom « nous » représente qui? Quel est le sujet du verbe « vivez »? Quel est le mode du verbe au deuxième vers? Qu'indique l'emploi de ce mode? Quelle est la demande faite par Villon? A quel sentiment fait-il appel? Pourquoi les « frères humains » auraient-ils les cœurs « endurcis »? Villon croit-il que le simple fait de demander aux frères de ne pas avoir les cœurs endurcis soit efficace? Expliquez votre réponse. Quel raisonnement Villon commence-t-il au troisième vers? Pourquoi croit-il que cet argument soit nécessaire? Mettez le troisième vers en français moderne. Quel est le sujet du verbe « avez »? Quel pronom l'adjectif « pauvres » modifie-t-il? Quel est le sens précis du mot « mercis »? Pourquoi les « frères humains » feraient-ils bien d'avoir pitié de Villon et de ses compagnons? Qu'est-ce que cela indique sur l'âme des « frères humains » et sur ses besoins? Ces besoins sont-ils très différents de ceux des âmes de Villon et de ses compagnons? Y a-t-il une transition entre le vers quatre et le vers cinq? Villon a combien de compagnons? Où sont-ils attachés? Et qui sont les « frères humains » qui les regardent? Quelle est la valeur psychologique de l'argument au sixième vers? De quelle chair s'agit-il? Quand a-t-on trop nourri cette chair? Pendant que l'on était trop occupé à nourrir cette chair, qu'a-t-on oublié? Quel est l'état de cette chair au moment actuel? Qu'est-ce qui a dévoré la chair? Quelle est la valeur de l'adverbe « piéçà » ici? Qu'est-ce qu'il indique sur l'état de la chair? Qu'est-ce qui reste de Villon et de ses compagnons? Qu'est-ce que cette description évoque comme image? Qu'est-ce qui arrive aux os de Villon et de ses compagnons? Pourquoi ajoute-t-il ce détail? Quel effet est-il censé avoir sur celui qui l'observe ou lit son poème? Expliquez la structure grammaticale du vers neuf. Le verbe est à quel mode? Pourquoi rirait-on du mal de Villon et de ses compagnons? Quelle sorte de personne en rirait? Au lieu de rire, que demande Villon aux spectateurs? Cette demande rappelle quel autre vers de la strophe? Expliquez la structure grammaticale du vers dix. Quel est le sujet du verbe « veuille »? Que comprend le mot « tous » — simplement Villon et ses compagnons? Dans ce cas, pourquoi est-il nécessaire que les spectateurs prient pour Villon et ses compagnons? Quelle sera leur requête?

DEUXIÈME STROPHE Traduisez le premier vers. Quel est le sujet du verbe « clamons »? Comment cette strophe est-elle liée à la strophe précédente? Pourquoi Villon écrit-il « Si vous clamons frères »? Est-ce qu'il les a déjà appelés « frères »? Où? Que remarquez-vous sur la ponctuation des quatre premiers vers? Quel est le sujet du verbe « devez »? Rétablissez les deux premiers vers de la strophe dans l'ordre normal de la prose. L'idée exprimée par Villon rappelle quelle idée déjà présentée dans la première strophe? Pourquoi revient-il à cette idée? Quel est le sujet du verbe « fûmes »? Pourquoi Villon ajoute-t-il ici l'idée de justice? Conteste-t-il sa culpabilité et celle de ses compagnons? Quelle excuse offre-t-il? Pour Villon, de qui vient le don du bon sens? Quelle sorte de devoir confère-t-il à ceux qui l'ont reçu? Villon et ses compagnons ont-ils eu « bon sens assis »? Quelle doit donc être l'attitude de ceux qui sont plus fortunés? Remarquez l'emploi de l'adjectif « tous » ici. A qui s'applique-t-il? A Villon et ses compagnons? Ou est-ce un sens plus général? Pourquoi Villon et ses compagnons ne peuvent-ils intercéder pour eux-mêmes? Envers qui Villon veut-il que ses « frères » intercèdent? Pourquoi parle-t-il du Christ comme « le Fils de la Vierge Marie »? Que savez-vous sur le culte de la Vierge au Moyen Age? Villon espère quel résultat de l'intercession de ses « frères »? Que ne peut-on obtenir sans la grâce? Si vous ne savez pas, qu'est-ce que Villon, mort, veut obtenir? Comment traduisez-vous l'adjectif « sa » ici? C'est-à-dire, à qui est la grâce? Quel sera le résultat de la grâce selon Villon? Quelle destinée conçoit-il sans la grâce? Dans quel contexte le verbe « tarir » est-il généralement employé? La grâce est alors comme quoi? Qu'est-ce que « l'infernale foudre »? La première partie du vers neuf vous surprend-elle? Ou est-ce que Villon l'a déjà préparée? Où? Expliquez la structure grammaticale de la fin de ce vers. Est-ce que l'effet est le même que celui produit à la fin de la première strophe? Est-ce que le ton de cette strophe diffère de celui de la première strophe? Comment?

TROISIÈME STROPHE   Les détails réalistes employés par Villon dans cette strophe sont-ils inattendus? Où a-t-il déjà commencé une description réaliste de l'état physique des pendus? Quel effet espère-t-il tirer de cette vision horrible? Comment la pluie a-t-elle atteint les corps des pendus? Avec quel effet? Quelles antithèses voyez-vous entre le premier et le deuxième vers de cette strophe? Pourquoi Villon a-t-il développé si soigneusement ces antithèses? Pour souligner quel aspect du sort des pendus? Est-ce que le troisième et le quatrième vers de la strophe vous choquent? Réfléchissez un peu à ce que le poète décrit. Pourquoi choisit-il de parler des yeux, et non des mains, par exemple? Et pourquoi choisit-il la barbe et les sourcils? Où se trouvent toutes ces parties du corps? Qu'est-ce que les pendus ont perdu? Avec quelle intention Villon entre-t-il dans ces détails répugnants? Pensez-vous que les contemporains ont dû trouver ces détails aussi répugnants que vous? Que savez-vous sur la vie parisienne au quinzième siècle? Dans quel sens Villon et ses compagnons ne sont-ils jamais « rassis »? Seulement dans le sens physique? Ou ce mot pourrait-il s'appliquer également à leur destinée éternelle? Comment Villon crée-t-il par le rythme de ce vers le mouvement même dont il parle? De quel mouvement s'agit-il en effet? Comment ce mouvement est-il possible? Quel est le sujet du verbe « charie »? Qu'est-ce qui charie Villon et les pendus? Quelle est la valeur du mot « plaisir » dans ce vers? Quelle attitude ce nom nous mène-t-il à adopter envers les pendus? C'est le vent qui les charie à sa volonté maintenant. Pendant leur vie qu'est-ce qui les a chariés? Les pendus sont becquetés par quels oiseaux? Cette image reprend l'imagerie de quels autres vers de la strophe? Pouvez-vous décrire un dé à coudre? Est-ce que cette image vous paraît bien choisie? Le verbe du vers neuf est à quel mode? L'idée que présente Villon dans ce vers est-elle inattendue, ou Villon l'a-t-il déjà traitée implicitement? Où? Citez un mot de la même famille que « confrérie »? De quelle confrérie s'agit-il? Appréciez la valeur de « Donc » dans ce vers. Pourquoi Villon répète-t-il le vers dix? Est-ce que ce vers a pris une valeur nouvelle en étant placé à la fin de cette strophe? Laquelle? Comment cette strophe diffère-t-elle des strophes précédentes? Pourquoi Villon a-t-il mis cette strophe après les autres?

ENVOI A qui Villon s'adresse-t-il ici? Est-ce le prince habituel des ballades? Quel est le sujet du verbe « as » au premier vers? Quelle est la valeur du pronom « tous » ici? Que souligne-t-il? Dans quel sens est-ce que Jésus a « maîtrie » sur tous selon Villon? Le premier verbe du deuxième vers est à quel mode? Pourquoi ce mode? Que redoute Villon? Que veut dire « avoir seigneurie » sur quelqu'un? A quel vocabulaire cette expression appartient-elle? Appréciez la valeur du pronom « nous » ici. A qui s'applique-t-il? Quel est le mode du verbe « ayons »? A qui ou à quoi Villon ne veut-il avoir « que faire ni que soudre »? Comparez le début du vers quatre aux premiers mots du poème. Pourquoi ce changement? Quel est l'effet du changement? Quels autres vers du poème ce vers rappelle-t-il? Pourquoi Villon insiste-t-il sur cette idée? Quel est l'effet de ce dernier vers?

Conclusion

En quoi consiste la grande originalité de cette ballade? Quel rôle le titre du poème joue-t-il? Quel est le ton du poème? Est-ce que Villon réussit à combiner dans ce poème un raisonnement subtil, un réalisme macabre et un sentiment religieux profond? Comment? Que vous partagiez ou non la foi de Villon, ce poème vous a-t-il touché? Pourquoi?

pas une form

⤳§ Le Chêne et le Roseau

3x personification

Le Chêne, ° un jour, dit au Roseau ° :	Oak Reed
« Vous avez bien sujet ° d'accuser la nature;	grounds
Un roitelet ° pour vous est un pesant far-	wren **pesant...**
deau; °	heavy burden
Le moindre vent qui d'aventure °	d'... by chance
5 Fait rider ° la face de l'eau,	**Fait...** Ripples
Vous oblige à baisser la tête;	
Cependant que ° mon front, au Caucase °	**Cependant...**
pareil,	Whereas Caucasus mountains
Non content d'arrêter les rayons du soleil,	
Brave l'effort de la tempête.	
10 Tout vous est aquilon, ° tout me semble	cold wind
zéphyr. °	light breeze
Encor si vous naissiez à l'abri ° du feuillage	shelter
Dont je couvre le voisinage,	
Vous n'auriez pas tant à souffrir,	
Je vous défendrais de l'orage :	
15 Mais vous naissez le plus souvent	
Sur les humides bords des royaumes du vent.	
La nature envers vous me semble bien in-	
juste.	
— Votre compassion, lui répondit l'ar-	
buste, °	shrub
Part ° d'un bon naturel; ° mais quittez ce	Comes disposi-
souci :	tion
20 Les vents me sont moins qu'à vous re-	
doutables;	
Je plie, ° et ne romps ° pas. Vous avez jus-	bend break
qu'ici	

Contre leurs coups épouvantables
Résisté sans courber le dos;
Mais attendons la fin. » Comme il disait ces
    mots,
25 Du bout de l'horizon accourt avec furie
    Le plus terrible des enfants
Que le Nord eût portés jusque-là dans ses
    flancs.
    L'arbre tient bon; ° le Roseau plie.   fast
    Le vent redouble ses efforts,
30   Et fait si bien qu'il déracine °   uproots
Celui de qui la tête au ciel était voisine,
Et dont les pieds touchaient à l'empire des
    morts.

ۏ *Fables, I (1668)*

QUESTIONS

Situation

Dans quel recueil ce poème a-t-il paru? A quelle date?

Forme

Quelles sortes de vers le poète emploie-t-il? La disposition des rimes est-elle régulière? Comment appelez-vous le vers de douze syllabes employé ici? Pourquoi La Fontaine l'a-t-il choisi?

Sujet

Qu'est-ce qu'une fable? Quel but se propose La Fontaine ici?

Analyse

Quels sont les personnages principaux de cette fable? Quelles sont les caractéristiques du premier? Quelles sont celles du second? En combien de parties la fable se divise-t-elle? Quel temps l'auteur emploie-t-il dans presque tout le poème? Pourquoi?

VERS UN A SIX Pourquoi l'auteur écrit-il « Chêne » et « Roseau » avec une majuscule? Prend-il beaucoup de temps à présenter le sujet? Quelle voix entendez-vous à partir du deuxième vers? Que veut dire « sujet » ici? Quel est le ton de ce vers? Aimeriez-vous que l'on vous fasse une réflexion de ce genre? Qu'est-ce que c'est qu'un roitelet? Pourquoi un « fardeau » plutôt qu'un « poids »? Quelle impression crée l'expression « pesant fardeau »? Qu'est-ce que « pour vous » souligne? Comment les quatrième et cinquième vers sont-ils liés? Qu'est-ce que cela suggère? Que souligne l'emploi du superlatif « Le moindre »? Que veut dire « d'aventure »? Quel mot La Fontaine emploie-t-il au lieu de dire la « surface » de l'eau? Quel verbe a appelé cette image? Qu'est-ce que le vers cinq décrit? Quel est l'effet du vent sur le Roseau? Est-il décrit en termes végétaux? Qu'est-ce que « baisser la tête » suggère aussi? Qu'est-ce que le Chêne a décrit jusqu'ici? Avec quelle attitude?

VERS SEPT A DIX-SEPT Qu'est-ce que le Chêne décrit maintenant? Que souligne « Cependant que »? Pourquoi le Chêne dit-il « mon front » plutôt que « ma tête » ou « ma taille »? Qu'est-ce que le Caucase? Pourquoi le Chêne s'y compare-t-il? Quels pouvoirs a-t-il? Sont-ce des pouvoirs ordinaires? Que souligne le verbe « brave »? Quelle antithèse trouvez-vous au vers dix? Qu'est-ce que l'aquilon? Qu'est-ce que le zéphyr? Pourquoi le Chêne dit-il « me semble » et non pas « m'est »? Le Roseau vit-il près du Chêne? Comment le saviez-vous? Comment le Chêne souligne-t-il sa grande taille aux vers onze et douze? Qu'est-ce que le Chêne suppose au vers treize? Pourquoi pense-t-il cela? Qu'aimerait-il faire pour le Roseau? Quel mode est employé dans le vers quatorze? Pourquoi? Où trouve-t-on des roseaux habituellement? Quel autre mot pourrait-on employer au lieu de « bords » ici? Nommez quelques endroits où le vent peut souffler sans obstacles. Quels sont les « royaumes du vent » dont parle le Chêne? Quelle sorte de langage emploie-t-il? Quel vers, le vers dix-sept reprend-il? Que forment ces deux vers par rapport au reste du discours du Chêne?

VERS DIX-HUIT A VINGT-QUATRE Qu'entendons-nous maintenant? Etait-ce vraiment de la compassion de la part du Chêne? Le Roseau s'en rend-il compte? Que fait-il en employant ce mot? Que veut dire « arbuste »? Un roseau est-il un arbuste? Dans une version antérieure, La Fontaine avait employé le mot « plante ». Pourquoi a-t-il changé ce mot? Quelle sorte de personne a un « bon naturel »? Est-ce ainsi que vous décririez le Chêne? Quelle serait une façon moins gracieuse de dire « quittez ce souci »? Quel est le ton du Roseau dans les vers dix-huit et dix-neuf? Quel argument du Chêne dément-il au vers vingt? Quel est le ton de ce vers? Comment le Roseau explique-t-il pourquoi il ne craint pas les vents? Pourquoi dit-il « et ne romps pas » plutôt que « mais ne romps pas »? Que forment la deuxième moitié du vers vingt et un avec les vers vingt-deux et vingt-trois? Quelle expression souligne que le Roseau ne croit pas à l'invincibilité du Chêne? Que vous rappelle « courber le dos »? Le Roseau l'emploie-t-il à dessein? Comment? Quelle attitude « Mais attendons la fin » indique-t-il de la part du Roseau?

VERS VINGT-QUATRE A TRENTE-DEUX Quel troisième personnage apparaît dans cette dernière partie? Comment la coupe du vers vingt-quatre souligne-t-elle la simultanéité des dernières paroles du Roseau et des événements suivants? Que veut dire « Comme » ici? Comment les vers vingt-cinq, vingt-six et vingt-sept sont-ils liés? Qu'est-ce que cela imite? Où, dans le poème, avez-vous rencontré le nom du « plus terrible » des enfants du Nord? Qu'est-ce que « Du bout de l'horizon » indique? A quel mode est « eût porté »? Pourquoi? Que fait La Fontaine en écrivant « le Nord » avec une majuscule et en ajoutant qu'il a porté un enfant dans ses flancs? Pourquoi ce procédé? Qu'est-ce que le vers vingt-huit nous montre? Est-ce étonnant? Que forment les quatre derniers vers? Lisez-les à haute voix, correctement, c'est-à-dire d'un seul souffle. Quel mouvement la phrase imite-t-elle? Est-elle lente ou rapide? Que forme-t-elle pour la petite scène dont vous venez d'être les témoins? Où avez-vous déjà trouvé le mot « effort »? Pourquoi La Fontaine l'emploie-t-il de nouveau? Quel est le résultat de ces efforts? Cela vous surprend-il? Pourquoi? Quelle longue périphrase La Fontaine emploie-t-il au lieu de dire « le Chêne »? Quelle sorte d'image crée-t-elle? Qu'indique le vers trente et un en plus de la hauteur du Chêne? Quels sont « les pieds » du Chêne? Pourquoi employer ce terme? Trouvez une autre façon de dire « l'empire des morts »? Quelle double signification peut-on trouver dans ce dernier vers? L'antithèse entre les vers trente et un et trente-deux est-elle applicable au Chêne seulement? Quel est le ton de ces deux derniers vers? Pourquoi?

Conclusion

Quelle a été l'intention de La Fontaine en écrivant cette fable? Quel procédé emploie-t-il pour le faire? Que pensez-vous de la construction et du mouvement du poème? Les personnages sont-ils vivants? Comment? Pourquoi? Aimez-vous le point de vue de La Fontaine? Aimez-vous la façon dont il le présente?

ALFRED DE VIGNY (1797–1863)

✍ *La Mort du loup*

I

Les nuages couraient sur la lune enflammée
Comme sur l'incendie on voit fuir la fumée,
Et les bois étaient noirs jusques à l'horizon.
Nous marchions, sans parler, dans l'humide gazon, °   grass
Dans la bruyère épaisse et dans les hautes brandes, °   heath
Lorsque, sous des sapins pareils à ceux des Landes,[1]
Nous avons aperçu les grands ongles marqués
Par les loups voyageurs que nous avions traqués.
Nous avons écouté, retenant notre haleine °   breath
Et le pas suspendu. — Ni le bois ni la plaine
Ne poussaient un soupir ° dans les airs; seulement   sigh
La girouette ° en deuil ° criait au firmament;   weathervane
                                   mourning
Car le vent, élevé bien au-dessus des terres,
N'effleurait ° de ses pieds que les tours solitaires,   skimmed
Et les chênes d'en bas, contre les rocs penchés,
Sur leurs coudes ° semblaient endormis et couchés.   elbows
Rien ne bruissait ° donc, lorsque, baissant la tête,   rustled
Le plus vieux des chasseurs ° qui s'étaient mis en quête   hunters
A regardé le sable en s'y couchant; bientôt,
Lui que jamais ici l'on ne vit en défaut,
A déclaré tout bas que ces marques récentes
Annonçaient la démarche et les griffes ° puissantes   claws
De deux grands loups-cerviers ° et de deux louveteaux. °   wolves[2] cubs

---

[1] Région assez sauvage de la côte sud-ouest de la France, fameuse pour ses forêts de pins.
[2] Un loup-cervier est véritablement un lynx, mais il est évident que Vigny n'a pas saisi la différence.

Nous avons tous alors préparé nos couteaux,
Et, cachant nos fusils ° et leurs lueurs ° trop blanches,   guns glimmers
Nous allions pas à pas en écartant ° les branches.   thrusting aside
Trois s'arrêtent, et moi, cherchant ce qu'ils voyaient,
J'aperçois tout à coup deux yeux qui flamboyaient, °   flamed
Et je vois au delà quatre formes légères
Qui dansaient sous la lune au milieu des bruyères,
Comme font chaque jour, à grand bruit sous nos yeux,
Quand le maître revient, les lévriers ° joyeux.   greyhounds
Leur forme était semblable et semblable la danse;
Mais les enfants du Loup se jouaient en silence,
Sachant bien qu'à deux pas, ne dormant qu'à demi,
Se couche dans ses murs l'homme, leur ennemi.
Le père était debout, et plus loin, contre un arbre,
Sa louve reposait comme celle de marbre
Qu' adoraient les Romains, et dont les flancs velus °   hairy
Couvaient ° les demi-dieux Rémus et Romulus.   Sheltered
Le Loup vient et s'assied, les deux jambes dressées,
Par leurs ongles crochus ° dans le sable enfoncées. °   hooked dug
Il s'est jugé perdu, puisqu'il était surpris,
Sa retraite coupée et tous ses chemins pris;
Alors il a saisi, dans sa gueule ° brûlante,   mouth
Du chien le plus hardi la gorge pantelante °   panting
Et n'a pas desserré ses mâchoires ° de fer,   jaws
Malgré nos coups de feu ° qui traversaient sa chair   coups... shots
Et nos couteaux aigus qui, comme des tenailles, °   pincers
Se croisaient en plongeant dans ses larges entrailles,
Jusqu'au dernier moment où le chien étranglé, °   strangled
Mort longtemps avant lui, sous ses pieds a roulé.
Le Loup le quitte alors et puis il nous regarde.
Les couteaux lui restaient au flanc jusqu'à la garde, °   hilt
Le clouaient ° au gazon tout baigné dans son sang;   nailed
Nos fusils l'entouraient en sinistre croissant.
Il nous regarde encore, ensuite il se recouche,
Tout en léchant ° le sang répandu ° sur sa bouche,   licking smeared
Et, sans daigner savoir comment il a péri, °   died
Refermant ses grands yeux, meurt sans jeter un cri.

II

J'ai reposé mon front sur mon fusil sans poudre,
Me prenant ° à penser, et n'ai pu me résoudre   *starting*
A poursuivre sa Louve et ses fils, qui, tous trois,
Avaient voulu l'attendre, et, comme je le crois,
Sans ses deux louveteaux, la belle et sombre veuve °   *widow*
Ne l'eût pas laissé seul subir la grande épreuve; °   *trial*
Mais son devoir était de les sauver, afin
De pouvoir leur apprendre à bien souffrir la faim,
A ne jamais entrer dans le pacte des villes
Que l'homme a fait avec les animaux serviles
Qui chassent devant lui, pour avoir le coucher, °   *shelter*
Les premiers possesseurs du bois et du rocher.

III

Hélas! ai-je pensé, malgré ce grand nom d'Hommes,
Que j'ai honte de nous, débiles ° que nous sommes!   *feeble*
Comment on doit quitter la vie et tous ses maux, °   *evils*
C'est vous qui le savez, sublimes animaux!
A voir ce que l'on fut sur terre et ce qu'on laisse,
Seul le silence est grand; tout le reste est faiblesse.
— Ah! je t'ai bien compris, sauvage voyageur,
Et ton dernier regard m'est allé jusqu'au cœur!
Il disait : « Si tu peux, fais que ton âme arrive,
A force de ° rester studieuse et pensive,   **A... By dint of**
Jusqu'à ce haut degré de stoïque fierté
Où, naissant dans les bois, j'ai tout d'abord monté.
Gémir, ° pleurer, prier, est également lâche. °   **Moan   cowardly**
Fais énergiquement ta longue et lourde tâche
Dans la voie où le sort a voulu t'appeler,
Puis, après, comme moi, souffre et meurs sans parler. »

᷍ *Les Destinées (1864)*; publié pour la première
fois dans la *Revue des Deux Mondes (1843)*.

QUESTIONS
SUR LA TROISIÈME PARTIE

Situation

Dans quel recueil ce poème a-t-il été publié? A quelle date? Combien de parties précèdent cette strophe? Sont-elles de longueurs égales? **Aussi succinctement que possible,** qu'a voulu décrire le poète dans ce qui précède la troisième partie du poème que nous allons expliquer?

Forme

Combien de vers y a-t-il dans cette troisième partie? Quelle sorte de vers Vigny emploie-t-il? Quelle sorte de rime? Comment est la césure? Quel ton la forme confère-t-elle au passage?

Sujet

Quelle est la fonction de la troisième partie par rapport au reste du poème? Quelle philosophie Vigny y préconise-t-il?

Analyse

Combien de voix entendons-nous ici? Quelles sont-elles? Qu'ont-elles en commun?

VERS UN ET DEUX Par quelle exclamation commence le premier vers? Quelle est son importance? Pourquoi « Hommes » avec une majuscule? Quelle attitude envers l'humanité se manifeste par l'emploi de « ce grand nom d'Hommes »? A quoi l'emploi de « malgré » nous prépare-t-il? Le poète se met-il à part de l'humanité? Comment le savez-vous? Pourquoi le poète a-t-il honte? Que veut dire « débiles »?

VERS TROIS ET QUATRE Quel problème Vigny soulève-t-il dans ces vers? Quelle attitude a-t-il envers la vie? Est-il optimiste ou pessimiste? Quelle

supériorité ont les animaux sur l'homme? Que veut dire « sublimes »?
A quoi « sublimes animaux » s'oppose-t-il?

VERS CINQ ET SIX   Pourquoi Vigny emploie-t-il « fut » plutôt que « était »?
Pourquoi n'a-t-il pas employé un passé pour le verbe « laisse »? Quelle
antithèse est développée dans ce cinquième vers? Que représente le sixième
vers par rapport au cinquième? Quelle est la valeur de l'adjectif « Seul »?
Que veut dire « grand » ici? Du silence de qui s'agit-il? Devant quoi le
silence est-il « grand »? Qu'est-ce que Vigny entend par « tout le reste »?
De quelle sorte de « faiblesse » s'agit-il ici?

VERS SEPT ET HUIT   A qui le poète s'adresse-t-il directement? Que veut dire
« sauvage »? Quel est le contraire de « sauvage »? Pourquoi « voyageur »?
Aux habitudes de qui cela s'oppose-t-il? De quel « dernier regard » s'agit-il
ici? Quelle sorte de compréhension est exprimée par « m'est allé jusqu'au
cœur »?

VERS NEUF A DOUZE   Quel est l'antécédent de « il »? Que fait le poète dans
le reste du poème? Qui est le « tu » du vers neuf? Que représente l'emploi
de cette forme? A quels modes sont les deux autres verbes du vers? Quel ton
cela lui donne-t-il? Que veut dire « à force de »? Comment l'adjectif « pensive » complète-t-il « studieuse »? Pourquoi Vigny emploie-t-il « jusqu'à »
alors qu'il aurait très bien pu employer simplement « à »? Que veut dire
« stoïque »? Où, dans les vers qui ont précédé, avez-vous trouvé une expression de stoïque fierté? Quelle serait une autre façon d'exprimer « où »
ici? Quelle est la valeur du participe présent « naissant » ici? De quoi
« dans les bois » est-il l'antithèse sous-entendue? Que veut dire « tout
d'abord »? Pourquoi « j'ai monté » et non pas « je suis monté »? Traduisez
ces quatre vers.

VERS TREIZE A SEIZE   A quel mode sont les trois premiers verbes? Quelle
est leur fonction dans la phrase? Quelle partie de quel vers est élaborée
dans le vers treize? Quel est le contraire de « lâche »? A quel mode est le
verbe du vers quatorze? Quelles qualités faut-il avoir pour pouvoir faire
quelque chose « énergiquement »? De quelle « longue et lourde tâche »
s'agit-il ici? Quelle attitude ces mots indiquent-ils? Le sort est-il une force
bienveillante ou aveugle? Qu'est-ce que l'emploi du mot « sort » révèle
sur la croyance de Vigny? Quels autres mots aurait-il pu employer? Est-ce
à dire que Vigny est athée? Que remarquez-vous sur la ponctuation du

dernier vers? Quel effet crée-t-elle? A quel mode sont les deux derniers verbes? Peuvent-ils être dissociés pour Vigny? Que vous rappelle « meurs sans parler »? Quelle attitude ceci indique-t-il? Diriez-vous que le Loup est résigné? vaincu? triomphant?

Conclusion

De quoi le Loup est-il le symbole? Quel est le ton de ce dernier passage? Que pense Vigny de la condition humaine? Que pense-t-il de l'homme? Comment l'homme peut-il s'élever au-dessus de sa condition? Que pensez-vous de cette philosophie et de la façon dont Vigny l'a exprimée?

❧ D'un vanneur[1] de blé aux vents[2]

A vous, troupe légère,
Qui d'aile passagère
Par le monde volez,
Et d'un sifflant ° murmure   whistling
L'ombrageuse verdure
Doucement ébranlez, °   set in motion

J'offre ces violettes,
Ces lis et ces fleurettes,
Et ces roses ici,
Ces vermeillettes ° roses,   vermeil, bright red
Tout fraîchement écloses, °   opened
Et ces œillets ° aussi.   carnations

De votre douce haleine
Eventez ° cette plaine,   Fan
Eventez ce séjour,
Cependant que j'ahanne °   toil
A mon blé que je vanne
A la chaleur du jour.

ॐ *Divers jeux rustiques (1558)*

---

[1] Winnower.
[2] A l'époque de du Bellay on vannait le blé dans un large panier plat que le vanneur élevait, avec un rythme régulier, entre ses bras écartés. Le grain seul restait dans le panier; la balle (*chaff*) était emportée par le vent.

QUESTIONS

Situation

De quel recueil vient ce poème? En quel année a-t-il été écrit?

Forme

Combien de strophes a ce poème? Combien de vers y a-t-il dans chaque strophe? Combien de syllabes dans chaque vers? Quelle est la disposition des rimes? Y a-t-il alternance des rimes masculines et féminines? Quelle sorte de rythme ces vers créent-ils?

Sujet

Qui parle dans ce poème? A qui parle-t-il? Pourquoi? Pour quelle raison le poème a-t-il été écrit?

Analyse

PREMIÈRE STROPHE Quels sont les quatre premiers mots de cette strophe? Quel titre pourriez-vous donner à cette strophe? Pourquoi personnifier le vent en une « troupe » plutôt qu'en un seul être? Qu'évoque le mot « aile » dans le deuxième vers? Quels sont les adjectifs de cette strophe? Quelle impression créent-ils? Est-ce que la troupe vole vraiment « Par le monde »? Alors, appréciez la valeur de cette expression. Quel effet produit-elle? De quel « sifflant murmure » s'agit-il ici; d'où vient le son? De quelle verdure le poète parle-t-il? Pourquoi une « ombrageuse » verdure? Qu'est-ce que cela suggère? Quelle impression le poète essaie-t-il de créer par sa description de la troupe? Comment expliquez-vous l'ordre de mots qu'il a choisi? Quels sons dominent la strophe? Avec quel effet? Quels sont les trois sens qui nous permettent de nous rendre compte de la présence du vent? Comment sont-ils évoqués dans cette première strophe?

DEUXIÈME STROPHE Comment la ponctuation souligne-t-elle le fait que cette strophe est rattachée à la première? Par quels mots commence-t-elle? Quel titre pourriez-vous lui donner? Pourquoi le poète reporte-t-il au début de la deuxième strophe le sujet et le verbe de la longue phrase qui a précédé? A qui ce « je » fait-il référence? A qui fait-il son offrande? Quels sont les mots qui dominent dans cette strophe? A quelle saison ces diverses fleurs fleurissent-elles? Qu'ont-elles de caractéristique en plus de leur couleur et de leur beauté? Quel quatrième sens est ainsi introduit auquel elles font appel? Ceci vous semble-t-il approprié dans une offrande aux vents? Quels diminutifs remarquez-vous dans cette strophe? Quel effet leur emploi produit-il? Pourquoi le poète répète-t-il le mot « roses »? Est-ce que l'emploi est le même? Pourquoi choisit-il des fleurs « tout fraîchement écloses »? Qu'est-ce que cela suggère? Quelles voyelles dominent la strophe? Quelle est la qualité principale de la strophe? Comment le poète crée-t-il cette qualité?

TROISIÈME STROPHE A quel mode sont les deux premiers verbes? Pourquoi sont-ils répétés? Quel titre pourriez-vous donner à cette strophe? Par quels mots la personnification des vents est-elle soulignée dans le premier vers? Quelles sont les deux significations du mot « douce »? Où, dans le poème, avez-vous déjà trouvé ce mot? Pourquoi sommes-nous en « plaine » plutôt qu'en « montagne »? De quelle plaine s'agit-il ici? De quel séjour? Est-il important qu'il y ait du vent lorsqu'un vanneur travaille? Que décrivent les trois derniers vers? A quel moment de la journée sommes-nous? Le vent est-il bienvenu alors? Quel est le sens du mot « Cependant »? Comment le ton du poème change-t-il ici? Appréciez la valeur du verbe « ahanne ». Quel effet produit-il? A quoi le vanneur ahanne-t-il? Avec quoi le blé contraste-t-il? Est-ce que le vanneur semble aimer son travail? Expliquez votre réponse. Dans quelles conditions travaille-t-il? Comparez le dernier vers du poème au cinquième vers. Quel est l'effet produit par la comparaison?

Conclusion

Voyez-vous un rapport entre le rythme et les sons du poème et la scène évoquée? Quelles sont les différentes parties du poème? Voyez-vous un rapport entre les mouvements accomplis par un vanneur et ceux de celui qui fait une offrande et une prière? Ce poème vous semble-t-il compliqué? En quoi consiste son charme?

JOACHIM DU BELLAY   (1522–1560)

❧ France, mère des arts

Du Bellay écrivit ce poème alors qu'il était en Italie. Son séjour tant espéré à Rome était devenu une cruelle désillusion. De plus, il se sentait isolé et oublié tandis que ses amis poursuivaient en France des carrières brillantes dans les lettres.

France, mère des arts, des armes et des lois,
Tu m'as nourri longtemps du lait de ta
    mamelle °! — breast
Ore, ° comme un agneau qui sa nourrice — Now (*arch.*)
    appelle,
Je remplis de ton nom les antres ° et les bois. — caves (*poet.*)

Si tu m'as pour enfant avoué quelquefois, ° — formerly (*rare*)
Que ° ne me réponds-tu maintenant, ô — Why (*rare*)
    cruelle?
France, France, réponds à ma triste que-
    relle ° : — plaint
Mais nul, sinon Echo, ne répond à ma voix.

Entre les loups cruels j'erre ° parmi la plaine, — wander
Je sens venir l'hiver, de qui la froide haleine
D'une tremblante horreur fait hérisser ° ma — bristle
    peau.

Las! Tes autres agneaux n'ont faute de pâ-
    ture, ° — n'... do not lack
        pasturage
Ils ne craignent le loup, le vent, ni la froi-
    dure :
Si ° ne suis-je pourtant le pire du troupeau. — Yet (*arch.*)

೪ *Les Regrets* (*1558*)

115

QUESTIONS

Situation

Dans quel recueil ce poème a-t-il été publié? A quelle date? Où était le poète à cette époque?

Forme

Quelle sorte de poème est-ce? Quelle sorte de vers le poète emploie-t-il? Quelle est la disposition des rimes?

Sujet

Pourquoi du Bellay a-t-il écrit ce poème?

Analyse

PREMIER QUATRAIN   Qui parle? A qui s'adresse-t-il? Quel est le ton de ce premier vers? Quelles sonorités le soulignent? Dans quelle sorte de pays fleurissent « les arts, les armes et les lois »? En appelant la France « mère des arts, des armes et des lois », où le poète la place-t-il? Que suggère l'emploi du mot « mère », plutôt que « gardienne » par exemple? Dans quel pays s'accorde-t-on généralement à chercher le berceau de la Renaissance? Pourquoi du Bellay choisit-il la France? Quel serait l'ordre normal en prose du deuxième vers? Comment l'image du deuxième vers développe-t-elle l'image de la France exprimée au premier vers? Pourquoi la forme familière? Comment la France a-t-elle nourri le poète? A quel animal le poète se compare-t-il? Quelle est la signification de ce choix? Quel est le sens du mot « nourrice »? Quels mots des premier et deuxième vers rappelle-t-il? Où est « l'agneau »? Est-ce l'endroit habituel où on trouve cet animal? Pourquoi le poète l'a-t-il choisi? Comment ce vers développe-

116

t-il l'idée du troisième vers? Qu'est-ce qu'on remplit habituellement? Comment et pour quel effet le poète emploie-t-il ce verbe? Si l'on appelle dans un « antre », quel phénomène naturel se produit assez souvent? Que remarquez-vous sur la longueur et la qualité des voyelles de ce vers? Quel effet produisent-elles? Quelle antithèse le quatrain présente-t-il entre le présent et le passé? Quel est le ton de ce quatrain?

SECOND QUATRAIN Quel mot du premier vers relie ce quatrain au précédent? Quel thème le premier vers développe-t-il? Quel serait l'ordre des mots en prose? Pourquoi le poète a-t-il choisi cet ordre ici? Que veut dire le mot « quelquefois » ici? Pourquoi est-il placé à la fin du vers? Qu'est-ce qui est plus pressant : « Que ne me réponds-tu » ou « Pourquoi ne me réponds-tu pas »? Lequel appartient au langage poétique? A quoi le mot « maintenant » est-il opposé? Pourquoi « ô cruelle » est-il au féminin? Quel est l'effet produit par ce vocatif mis à la fin du vers? Pourquoi le mot « France » est-il répété? Quel effet cette répétition produit-elle? A quel mode est le verbe « réponds » dans le troisième vers? Que veut dire « querelle » ici? Pourquoi « triste »? Quel signe de ponctuation y a-t-il à la fin du troisième vers? Quel est son effet? A qui les sept premiers vers du poème s'adressent-ils? A qui s'adresse le quatrième vers du second quatrain? Pourquoi « Echo » plutôt que « écho »? Dans quel vers du premier quatrain et dans quel vers du second quatrain le poète a-t-il préparé l'introduction d'un écho? Combien de fois et avec quelles variations le verbe « répondre » est-il employé dans ce quatrain? Quel est l'effet produit par cette répétition? Comment l'antithèse entre le présent et le passé est-elle reprise dans le second quatrain? Quel est le ton de ce quatrain?

PREMIER TERCET Pourquoi le poète choisit-il les loups? Qu'est-ce qu'ils représentent? A quelle image du premier quatrain pense-t-on en lisant ce vers? Quel adjectif de ce vers avez-vous déjà trouvé dans le poème? Quel état d'esprit le verbe « erre » suggère-t-il? Qui est le sujet de ce verbe, l'agneau ou le poète? Quelle transformation s'est accomplie entre le troisième vers du premier quatrain et ce vers? De quel hiver le poète parle-t-il au deuxième vers? Que fait le poète en attribuant une « haleine » à l'hiver? Pourquoi une « froide » haleine? Quel serait l'ordre normal en prose des deuxième et troisième vers? Le mot « horreur » à l'origine avait un autre sens que « une chose qui fait peur ». Dans ce troisième vers du Bellay décrit-il une réaction physique ou émotive? A quelle image du vers précédent l'image qu'il nous décrit est-elle reliée? En lisant cette strophe à haute voix, entendez-vous des sons qui suggèrent le froid? Quelle émotion la strophe évoque-t-elle?

SECOND TERCET Quelle attitude de la part de l'auteur le premier mot indique-t-il? Qui sont ces « autres agneaux »? Quelle pâture le poète cherche-t-il? Expliquez la forme négative employée ici. Comment le deuxième vers rappelle-t-il le tercet précédent? Quelles interprétations pourrait-on donner au mot « froidure »? Traduisez le dernier vers. Quels sentiments trouvez-vous dans ce dernier vers? Comment la syntaxe et les sons soulignent-ils les sentiments exprimés?

Conclusion

Quel est le mouvement général du poème? Quels sont les sentiments exprimés dans ce poème? Quelle progression y a-t-il dans l'expression de ces sentiments?

⤐ *L'Invitation au voyage*

Mon enfant, ma sœur,
Songe à la douceur
D'aller là-bas vivre ensemble!
Aimer à loisir,
Aimer et mourir
Au pays qui te ressemble!
Les soleils mouillés °   *wet*
De ces ciels brouillés °   *blurred*
Pour mon esprit ont les charmes
Si mystérieux
De tes traîtres yeux,
Brillant à travers leurs larmes.

Là, tout n'est qu'ordre et beauté,
Luxe, ° calme et volupté. °   *Luxury volup-*
                                               tuousness

Des meubles luisants,
Polis par les ans,
Décoreraient notre chambre;
Les plus rares fleurs
Mêlant leurs odeurs
Aux vagues senteurs de l'ambre, °   *ambergris*
Les riches plafonds,
Les miroirs profonds,
La splendeur orientale,
Tout y parlerait
A l'âme en secret
Sa douce langue natale.

Là, tout n'est qu'ordre et beauté,
Luxe, calme et volupté.

Vois sur ces canaux
Dormir ces vaisseaux
Dont l'humeur ° est vagabonde;   mood
C'est pour assouvir °   satisfy
Ton moindre désir
Qu'ils viennent du bout du monde.
— Les soleils couchants
Revêtent les champs,
Les canaux, la ville entière,
D'hyacinthe et d'or;
Le monde s'endort
Dans une chaude lumière.

Là, tout n'est qu'ordre et beauté,
Luxe, calme et volupté.

ॐ *Les Fleurs du mal* (*1857*)

QUESTIONS

Situation

Dans quel recueil ce poème a-t-il été publié? A quelle date?

Forme

Combien de strophes ce poème a-t-il? Par quoi les strophes sont-elles séparées? Quelles sortes de vers Baudelaire emploie-t-il? Ces vers sont-ils communs en français? Quelle sorte de vers le poète emploie-t-il dans le refrain? Quelle est la disposition des rimes dans les strophes et dans le refrain? Y a-t-il un rapport entre la disposition des rimes et la longeur des vers employés?

Sujet

De quelle sorte de voyage s'agit-il ici et à qui s'adresse l'invitation?

Analyse

PREMIÈRE STROPHE   Qui parle? Par quels noms appelle-t-il la femme à qui il s'adresse? Qu'indique l'emploi de l'adjectif possessif? Cette femme est-elle vraiment son enfant? Est-elle vraiment sa sœur? Quelles sortes de sentiments ces deux termes suggèrent-ils de la part du poète? A quel mode est le verbe du deuxième vers? Quel rapport cela a-t-il avec le titre? Pourquoi le poète emploie-t-il le verbe « songer » plutôt que « penser »? Ce à quoi il invite la femme à songer au deuxième vers, s'accorde-t-il avec le ton du premier vers? Comment les deuxième et troisième vers sont-ils liés? Avec quel effet? Que souligne l'emploi du point d'exclamation? Où le poète suggère-t-il à la femme d'aller vivre? Ce choix de lieu est directement en opposition à quoi? Est-ce significatif? D'autres lieux sont-ils inclus dans son rêve? Comment le savez-vous? A quel mode sont les verbes des quatrième et cinquième vers? Pourquoi? Qu'indique la répétition du premier verbe? Pourquoi « à loisir » plutôt que « passionnément » par exemple? Le « et mourir » du cinquième vers, donne-t-il un ton triste à ce vers? Pourquoi? Comment les cinquième et sixième vers sont-ils liés? Comment le « là-bas » du troisième vers est-il repris ici? Est-ce maintenant plus précis? Que pensez-vous de la ressemblance remarquée par le poète? Vous surprend-elle? Vous rappelle-t-elle un autre poème de Baudelaire? Quelle sorte d'harmonie cette comparaison suggère-t-elle? Que remarquez-vous sur le rythme et la ponctuation des six premiers vers?

Que forment les vers sept à douze? Que remarquez-vous au sujet de la ponctuation? Lisez-les à haute voix. Quel effet obtenez-vous? Quelle sorte de temps est évoquée par un soleil mouillé? Pourquoi « des » soleils mouillés? Qu'est-ce que cela indique sur le temps qu'il fait d'habitude dans ce pays? Cherchez dans votre dictionnaire le mot « ciel ». Voyez dans quel cas son pluriel est « cieux » et dans quels cas il est « ciels ». Expliquez le pluriel choisi par Baudelaire. Que veut dire « brouillés » ici? Pourquoi l'avoir choisi plutôt qu'un autre adjectif plus météorologique? A quelle description à la fin de cette même strophe pourrait-il s'appliquer aussi? D'autres trouveraient-ils les même charmes que le poète dans ce qu'il vient de décrire? Comment le savez-vous? Les soleils et les ciels ont les mêmes charmes que quoi? Décrivez ces charmes. Pourquoi choisir cet adjectif? Que pensez-vous du choix de « traîtres » pour qualifier les yeux? Quelle lumière cela projette-t-il sur la femme aimée? Qu'est-ce qui peut faire briller des yeux à travers leurs larmes? Quel rapport y a-t-il avec de « traîtres yeux »?

Que remarquez vous sur le rythme de toute cette strophe? Que remarquez-vous sur les termes des comparaisons? Qu'est-ce qui est comparé à quoi? Quel est le point de départ de l'évocation du pays rêvé? Cherchez dans votre dictionnaire le mot « analogie ». Serait-il à propos de l'employer ici? Pourquoi? Quel est le ton de la strophe?

REFRAIN Quel est l'effet produit par l'emploi de la rime plate ici? Reflète-t-il l'idée exprimée? Encore une fois nous pouvons comprendre « là » comme l'opposé de quoi? Quelles sont les deux premières qualités que l'on trouve « là »? Ces qualités sont nécessaires aussi pour quelle création? Qui peut apprécier le luxe? le calme? Cherchez le mot « volupté » dans votre dictionnaire. Quelles sont les différentes sortes de personnes qui peuvent l'apprécier?

DEUXIÈME STROPHE A quel mode sont les verbes de cette strophe? Que fait le poète en employant ce mode? Où sommes-nous transportés maintenant? Ce choix de lieu est-il significatif? Qu'indique-t-il sur les rapports de la femme et du poète? Dans la première strophe nous avons trouvé les possessifs « mon » et « ton »; quel autre possessif trouvez-vous au troisième vers de cette strophe? Quelle progression indique-t-il? Les meubles sont-ils vieux? Comment le savez-vous? Pourquoi les choisir ainsi? (Voyez le refrain.) Les meubles pourraient-ils être luisants s'ils étaient seulement polis par les ans? Sont-ils bien entretenus? Que forment les vers quatre à douze? Que remarquez-vous sur la ponctuation des vers quatre à six? Jusqu'à présent en quels termes avait été la description? Quel nouveau sens est introduit ici? Quels sont deux mots employés dans ces vers qui appartiennent à ce sens? Pourquoi ne pas avoir dit simplement « des fleurs »? Qu'est-ce que l'ambre? Dans quoi cette substance est-elle employée? Baudelaire a-t-il employé ce parfum dans un autre poème? Dans quel contexte? S'appliquerait-il ici aussi?

Comment imagineriez-vous « les riches plafonds »? Pourquoi décrire les plafonds plutôt que les planchers? Pourquoi et comment les miroirs peuvent-ils être « profonds »? Ces miroirs joueraient-ils un rôle important dans la décoration de la chambre? Comment le savez-vous? Que voyez-vous dans un miroir — la chose elle-même? Y a-t-il un rapport entre l'évocation des miroirs et la première strophe? Quelle est la fonction du vers neuf? Qu'est-ce que l'adjectif « orientale » ajoute au nom « splendeur »? Sommes-nous vraiment en Orient? Que résume le mot « tout » du vers dix? Que représente « y » dans ce vers? De la « langue natale » de qui ou de quoi s'agit-il? Qu'est-ce qu'une langue natale? Comment cette langue serait-elle parlée? Ceci souligne quel aspect de la communication? Cette communication se ferait-elle nécessairement par des mots? Quels sont d'autres procédés possibles? En avez-vous vu employés dans ce poème? Pourquoi cette langue est-elle « douce »? Quel art fait usage de la « douce langue natale » de l'âme? Cette langue est-elle harmonieuse? Est-elle belle? A-t-elle un certain ordre?

Quel effet le rythme produit-il dans cette strophe? Quelles sortes d'images le poète choisit-il? Quel est le ton de cette strophe? Demeure-t-il constamment le même?

REFRAIN Que représente le « là » maintenant? Quels éléments d'ordre avez-vous trouvés dans la strophe précédente? Où la beauté est-elle présente dans cette strophe? Le luxe? Le calme? La volupté?

TROISIÈME STROPHE A quel mode et à quel temps est le verbe du premier vers? Les verbes des troisième, quatrième, sixième, huitième et onzième vers? Quelle progression ceci indique-t-il si vous comparez le mode et le temps employés ici avec ceux des première et deuxième strophes? Où en est le voyage? Quelle est l'importance de l'adjectif démonstratif employé dans les deux premiers vers? Quelle impression créent les deux premiers vers? Pourquoi? Quel contraste y a-t-il entre les deuxième et troisième vers?

Pourquoi l'auteur l'emploie-t-il? Quelles pensées la vue des bateaux évoque-t-elle généralement? Comment Baudelaire choisit-il de les présenter? Pourquoi? Pourquoi « vaisseaux » plutôt que « bateaux »? Quel but le poète assigne-t-il au voyage des vaisseaux? Sur qui ou quoi la femme est-elle toute puissante? Qu'est-ce que le poète lui offre? Pourquoi peut-il le faire? Commentez la ponctuation des six premiers vers.

« Les soleils couchants » vous rappelle quel emploi similaire du pluriel dans la première strophe? Pourquoi le poète emploie-t-il le pluriel? Pourquoi la scène est-elle peinte à ce moment de la journée? Quelle atmosphère s'en dégage? Est-elle appropriée au ton et au sujet du poème? Quels éléments introduits dans les vers sept à douze n'ont pas encore paru dans le poème? Qu'est-ce que l'hyacinthe? Vous savez, naturellement, ce qu'est de l'or. Pourquoi Baudelaire n'a-t-il pas dit tout simplement « rouge et jaune »? Comment son choix s'acorde-t-il avec le leitmotiv du refrain? Quels différents éléments du paysage sont présentés ici? Si vous vous reportez aux descriptions qui ont précédé, qu'est-ce qui se passe ici? Quel verbe trouvez-vous au onzième vers? Que vous rappelle-t-il? Quelle sorte de lumière est une « chaude lumière »? Comment la lumière s'accorde-t-elle avec le poème? Pourquoi terminer le poème dans ces coloris?

Reprenez dans chaque strophe les détails qui vous ont été donnés sur le pays dont rêve le poète. De quel pays d'Europe s'agit-il? Nous savons que Baudelaire n'y est pas allé. Comment réussit-il à l'évoquer avec une telle intensité? (Revoyez les significations de « ciels ».) Que fait-il lui-même à sa façon? Où se trouve en fait le pays qu'il invite la femme à venir visiter? Comment expliquez-vous qu'à la fin du poème il soit arrivé dans ce pays?

REFRAIN Quel pays ou quel domaine représente le « là » de ce dernier refrain? Quel est l'effet créé par la répétition du leitmotiv? A quoi le poète aspire-t-il? Comment, d'après le poème, peut-il y parvenir?

Conclusion

Quels effets Baudelaire tire-t-il des rythmes et des rimes? Comment contribuent-ils à souligner le ton et l'atmosphère du poème? Quels sont les rôles de la femme, du décor, du poète et du poème? Par quels procédés sont-ils étroitement liés? Qu'est-ce que Baudelaire a créé dans ce poème?

PAUL VERLAINE (1844–1896)

✑ Mon rêve familier

Je fais souvent ce rêve étrange et pénétrant
D'une femme inconnue, et que j'aime, et
    qui m'aime,
Et qui n'est, chaque fois, ni tout à fait la
    même
Ni tout à fait une autre, et m'aime et me
    comprend.

Car elle me comprend, et mon cœur, trans-
    parent
Pour elle seule, hélas! cesse d'être un pro-
    blème
Pour elle seule, et les moiteurs ° de mon   clamminess
    front blême, °   pallid
Elle seule les sait rafraîchir, en pleurant.   *ta mère*

Est-elle brune, blonde ou rousse? — Je
    l'ignore.
Son nom? Je me souviens qu'il est doux et
    sonore
Comme ceux des aimés que la Vie exila.

Son regard est pareil au regard des statues,
Et pour sa voix lointaine, et calme, et grave,
    elle a
L'inflexion des voix chères qui se sont tues. °   se... have become
    still

✑ *Poèmes saturniens (1863)*

QUESTIONS

Situation

Dans quel recueil ce poème a-t-il été publié? A quelle date?

Forme

Quelle sorte de poème est-ce? Quelle sorte de vers le poète emploie-t-il? Quelle est la disposition des rimes?

Sujet

Quelle vision le poète essaie-t-il d'évoquer dans ce poème? A l'aide de quelles images et de quels procédés poétiques?

Analyse

PREMIER QUATRAIN   Qui parle? Quel est le temps du verbe? Quel est le ton du premier vers? Pourquoi le poète dit-il « ce » plutôt que « un »? Dans quel sens un rêve peut-il être « étrange »? Dans quel sens peut-il être « pénétrant »? Quel son domine le vers? Avec quel effet? Comment le premier et le deuxième vers sont-ils liés? De qui le poète fait-il « ce rêve étrange »? Que souligne le fait que la femme est « inconnue »? Par quel moyen le poète indique-t-il que cet amour est réciproque? Que remarquez-vous sur le rythme du deuxième vers? Pourquoi le poète a-t-il écrit le vers ainsi? Avec quel effet? Quel mot du premier vers les mots « chaque fois » rappellent-ils? Comment la femme peut-elle n'être ni « tout à fait la même / Ni tout à fait une autre »? Quels changements ont eu lieu et qu'est-ce qui reste d'essentiel? Comment le troisième et le quatrième vers sont-ils liés? Quel est le sujet des deux derniers verbes? Qu'est-ce qui semble être plus important pour le poète : le fait qu'il aime cette femme ou qu'elle l'aime? Pourquoi? Quelle autre qualité chez la femme le poète apprécie-t-il? Pourquoi cette qualité serait-elle importante? Qu'indique-t-elle sur l'état d'âme présent du poète? Relisez la strophe à haute voix. Quels sons retrouve-t-on souvent répétés? Quels mots? Quel est l'effet de cette répétition? Quel rôle la ponctuation joue-t-elle dans cette strophe?

SECOND QUATRAIN Comment le premier vers de cette strophe est-il étroitement lié à la strophe précédente? Comment les trois premiers vers sont-ils liés? Pourquoi le poète commence-t-il le vers par le mot « Car »? Quel effet cela produit-il? Dans quel sens le cœur du poète est-il « transparent »? Pour qui le cœur du poète est-il « transparent »? Comment le poète souligne-t-il ce fait? Comment interprétez-vous l'interjection « hélas! » au deuxième vers? Quelle émotion traduit-elle? Qu'est-ce qui « cesse d'être un problème »? Dans quel sens est-ce que son cœur pourrait être un problème? Quel est l'effet de la répétition au début du troisième vers? Comment expliquez-vous les moiteurs du front du poète? Que suggère l'adjectif « blême » comme couleur ou absence de couleur? Que suggère-t-il aussi sur l'état d'âme du poète? Combien de fois les mots qui commencent le quatrième vers ont-ils déjà été employés? Pour créer quel effet? Qu'est-ce que la femme sait rafraîchir? Comment le fera-t-elle? Pourquoi va-t-elle pleurer? Est-ce que les larmes sont froides ou chaudes? Lisez la strophe à haute voix. Quels mots et quels sons dominent la strophe? Quel est l'effet de cette répétition? Que remarquez-vous sur la structure de la strophe? Quel est le ton de la strophe?

PREMIER TERCET Comment la structure du premier vers diffère-t-elle de celle des vers précédents? Qui pose les questions dans ce tercet? Qui répond? La première question suggère quel aspect de la femme? Est-ce que la réponse du poète vous surprend? Justifiez votre réaction. Quelle est la forme de la question qui commence le deuxième vers? Pourquoi le poète pose-t-il la question ainsi? Quel effet crée-t-il? Pourquoi le poète se souvient-il des qualités du nom de l'aimée? Se souvient-il de son nom? Quelles sont les caractéristiques du nom de l'inconnue? Est-ce que ces qualités s'accordent bien avec votre impression de la femme? Voyez-vous un rapport entre ces deux adjectifs et le poème lui-même? Comment le deuxième et le troisième vers sont-ils liés? A quoi le pronom « ceux » se rapporte-t-il? Qu'entend le poète par l'expression « que la Vie exila »? Pourquoi écrit-il « Vie » ainsi? Est-ce que les noms des aimés que la Vie exile prennent une qualité spéciale? Laquelle? Quel est le ton de ce tercet? Le ton diffère-t-il de celui des quatrains? Comment?

SECOND TERCET Qu'est-ce qu'il faut entendre par le « regard »? Pourquoi le poète emploie-t-il une comparaison pour décrire le regard de la femme au lieu de le décrire directement? Quel est l'effet de ce procédé? Pourquoi répète-t-il le mot « regard »? Avec quel effet? Décrivez le regard d'une statue. Quelles en sont les caractéristiques dominantes? Cette description du regard de la femme souligne quel aspect de sa personnalité? Pourquoi la voix de la femme intéresse-t-elle le poète? L'adjectif « lointaine » rappelle quel mot du premier tercet? Les adjectifs « calme » et « grave » rappellent quelle autre description de la femme? Pourquoi le poète emploie-t-il le mot « et » deux fois à la fin de ce vers? Quel effet cela a-t-il sur le rythme du vers et sur la présentation des idées? Pourquoi la voix de la femme est-elle « grave »? Comment les deux derniers vers sont-ils liés? Ce dernier vers rappelle quel autre vers du poème? Traduisez ce vers. Est-ce que les « voix chères qui se sont tues » ont une inflexion spéciale? Laquelle? Ces descriptions du nom, du regard et de la voix de la femme soulignent quel aspect de cette femme dont rêve le poète? Ces aspects ont-ils été soulignés autre part? Quel est le ton de la strophe?

Conclusion

Comment le poète réussit-il à évoquer avec une intensité et une présence réelle la vision d'une femme irréelle, tout en soulignant son irréalité? Quels sons dominent dans le poème? Expliquez comment ces sons aident à créer l'atmosphère même du rêve dont parle le poète. Comment la structure du poème arrive-t-elle au même but? Comment le poète conçoit-il cette femme : comme sœur, mère, maîtresse ou muse? (Voir « L'Invitation au voyage ».) Comparez-la à « la mystérieuse ».

JOSÉ-MARIA DE HEREDIA (1842–1905)

⤳ Antoine et Cléopâtre

Tous deux ils regardaient, de la haute ter-
rasse,
L'Egypte s'endormir sous un ciel étouffant °   stifling
Et le Fleuve, à travers le Delta noir qu'il
fend, °   cleaves
Vers Bubaste ou Saïs[1] rouler son onde °   wave (*poet.*)
grasse. °   unctuous

Et le Romain sentait sous la lourde cui-
rasse, °   armor breastplate
Soldat captif berçant ° le sommeil d'un en-   lulling
fant,
Ployer ° et défaillir ° sur son cœur triom-   Give way   falter
phant
Le corps voluptueux que son étreinte em-
brasse. °   étreinte... em-
                                                  brace enfolds

Tournant sa tête pâle entre ses cheveux
bruns
Vers celui qu'enivraient ° d'invincibles par-   intoxicated
fums,
Elle tendit sa bouche et ses prunelles °   pupils
claires;

---

[1] Anciennes villes égyptiennes.

129

Et sur elle courbé, l'ardent Imperator[2]
Vit dans ses larges yeux étoilés de points
   d'or
Toute une mer immense où fuyaient des
   galères. °   galleys

ᓚ *Les Trophées* (*1893*)

---

[2] Titre romain pour un général.

QUESTIONS

Situation

Dans quel recueil ce poème a-t-il été publié? A quelle date?

Forme

Quelle sorte de poème est-ce? Quelle sorte de vers le poète emploie-t-il? Quelle est la disposition des rimes?

Sujet

Quel but le poète s'est-il proposé en écrivant ce poème?

Analyse

Quel rôle le titre joue-t-il?

PREMIER QUATRAIN Qui parle? Que sait-on de ses opinions sur ce qui se passe? Quel est l'effet des deux premiers mots? Sont-ils absolument nécessaires? Quel est le temps du verbe? Pourquoi ce temps est-il employé? Dans quel décor se trouve le couple? Où se trouve le couple par rapport au décor? Qu'est-ce que ce détail suggère en ce qui concerne les personnages? A quel moment de la journée a lieu cette scène? Quelle sorte d'atmosphère le mot « étouffant » suggère-t-il? Est-elle appropriée au sujet du poème? Quel son est souvent répété dans le deuxième vers? Quelle atmosphère cette répétition produit-elle? De quel fleuve s'agit-il? Quel est l'effet de la majuscule? Quel serait l'ordre normal en prose des deux derniers vers? Pourquoi l'ordre est-il changé? Pourquoi le temps du verbe du troisième vers est-il différent de celui du premier vers? Quel effet la deuxième partie du troisième vers produit-elle, insérée comme elle l'est entre « le Fleuve » et le quatrième vers? Pourquoi le mot

« Delta » est-il écrit avec une majuscule? Quels éléments physiques sont représentés dans cette strophe? Air, Eau, Terre — où est le Feu? Quel symbolisme peut-on voir dans le Fleuve qui fend le Delta noir? Où se trouvent Bubaste et Saïs? Pourquoi l'auteur les mentionne-t-il? Quel est l'effet de la répétition des sons nasaux, comme le son *on* par exemple? Comment renforce-t-elle le sens? Pourquoi « l'onde grasse »? Qu'est-ce qu'elle évoque? Quelle antithèse le poète établit-il entre les éléments du décor? Qu'est-ce qui domine la scène de la première strophe? Quel est le mouvement de la strophe?

SECOND QUATRAIN A quel vers du premier quatrain le premier vers de ce second quatrain se rattache-t-il plus particulièrement? Quel rôle joue la conjonction « et »? Quel est le temps du verbe? Ce verbe exprime-t-il une action? Quel rapport cela a-t-il avec la première strophe? Pourquoi le Romain porte-t-il la lourde cuirasse? La lourdeur de la cuirasse est-elle exprimée dans la première strophe? Que sentait le Romain? Quel effet a sur le mouvement de la strophe la construction du deuxième vers? Pourquoi le poète l'a-t-il placé ici? Expliquez l'antithèse du « soldat captif » — captif de qui? Quel mouvement le verbe traduit-il? Quelle est la forme du verbe? Quelle idée de la première strophe le mot « sommeil » reprend-il? Comment la femme est-elle présentée? Quelles qualités cette image évoque-t-elle? Pourquoi « un » enfant? Quelle est la forme des verbes du troisième vers? Quel mouvement du premier quatrain rappellent-ils? Cette forme traduit-elle une action? L'adjectif « triomphant » peut être compris dans deux sens. Lesquels? Quel est l'effet produit par le rapprochement des mots « cœur » et « corps »? Pourquoi « que **son** étreinte embrasse » et pas « qu'il embrasse »? Quel est l'effet de l'antithèse voluptueux–enfant? Quel est l'effet de la répétition du son dur *k*? Quels sons dominent la strophe? Lequel des deux personnages domine la strophe? Ce personnage semble-t-il actif ou passif? D'où vient cet effet?

PREMIER TERCET Quel personnage domine le tercet? A qui appartient la « tête pâle »? Cette image rappelle-t-elle la vision stéréotypée de la femme? A qui appartiennent les « cheveux bruns »? Quelle est la forme du verbe qui commence le vers? Qui est enivré « d'invincibles parfums »? Le mot « invincible » appartient à quel langage? Quelles sont les deux interprétations possibles de cet adjectif? A quel temps est le verbe « enivraient »? Avec quel effet? D'où vient l'idée de la passivité? Pourquoi le poète ne présente-t-il la femme que par un pronom, « Elle », tandis que le soldat est présenté comme « le Romain »? Quel est le temps du verbe « tendit »? Pourquoi ce changement de temps? Quels aspects de la femme sont soulignés ici? Pourquoi seulement les prunelles? Pourquoi les prunelles sont-elles « claires »? La femme semble-t-elle active ou passive?

SECOND TERCET Pourquoi le tercet commence-t-il par « Et »? Comparez-le à la deuxième strophe. Le participe passé « courbé », traduit-il un mouvement? Lequel? Quels autres mots suggèrent un mouvement de cercle? Quelle image vous faites-vous d'un Imperator romain? Expliquez l'antithèse de « l'ardent Imperator ». Y a-t-il d'autres exemples d'antithèses dans le poème? Pourquoi le mot « Imperator » est-il écrit avec une majuscule? Pourquoi le poète emploie-t-il la forme latine au lieu du mot « Empereur »? Quel est le temps du verbe du deuxième vers? A qui appartiennent les « larges yeux »? Les yeux de la femme ont été décrits comme étant clairs et « étoilés de points d'or ». Connaissez-vous un animal qui ait des yeux semblables? L'association d'idée avec cet animal vous semble-t-elle gratuite? Imaginez la scène qui est décrite ici. Les deux personnages sont-ils vraisemblablement debout, assis ou couchés? Si l'Imperator est « courbé sur elle », le regard de Cléopâtre est-il dirigé vers le ciel ou vers le sol? Dans ce cas les « points d'or » peuvent être un reflet de quoi? L'image de la mer que voit l'Imperator dans les yeux de la femme suggère quel effet de ces yeux sur lui? De plus, comment un effet vertigineux est-il suggéré dans ce vers? Il y a aussi une allusion au sort d'Antoine et Cléopâtre : que s'est-il passé à la bataille d'Actium?

Conclusion

Comment les verbes sont-ils employés? Quel est le rôle du dernier vers? De quel autre art ce poème est-il le plus proche? Justifiez votre réponse.

STÉPHANE MALLARMÉ (1842–1898)

◆§ Brise marine

La chair est triste, hélas! et j'ai lu tous les
    livres.
Fuir! là-bas fuir! Je sens que des oiseaux
    sont ivres °   drunk
D'être parmi l'écume ° inconnue et les   foam
    cieux!
Rien, ni les vieux jardins reflétés par les
    yeux
5 Ne retiendra ce cœur qui dans la mer se
    trempe,
O nuits! ni la clarté déserte de ma lampe
Sur le vide papier que la blancheur défend
Et ni la jeune femme allaitant ° son enfant.   nursing
Je partirai! Steamer balançant ta mâture, °   masts
10 Lève l'ancre pour une exotique nature!

Un Ennui, désolé par les cruels espoirs,
Croit encore à l'adieu suprême des mou-
    choirs!
Et, peut-être, les mâts, invitant les orages
Sont-ils de ceux qu'un vent penche sur les
    naufrages °   shipwrecks
15 Perdus, sans mâts, sans mâts, ni fertiles
    îlots...
Mais, ô mon cœur, entends le chant des
    matelots °!   sailors

ʒ☙ *Poésies* (*1866*)

QUESTIONS

Situation

Dans quel recueil ce poème a-t-il été publié? A quelle date?

Forme

Quelle sorte de poème est-ce? Combien a-t-il de strophes? Combien de vers y a-t-il dans chaque strophe? Quelle sorte de vers le poète emploie-t-il? Quelle est la disposition des rimes?

Sujet

Pour exprimer quelles attitudes envers sa vie et son œuvre le poète a-t-il écrit ce poème? Pourquoi lui a-t-il donné ce titre?

Analyse

VERS UN A TROIS Qui parle? A quelle personne? De quelle chair le poète parle-t-il? Dans quel sens la chair est-elle « triste »? Comment expliquez-vous l'interjection « hélas! » au premier vers? Quelle émotion traduit-elle? Le poète a-t-il vraiment lu « tous » les livres? Quel âge avait le poète? Alors comment interprétez-vous cette partie du premier vers? Quelle antithèse exprime t il? Qu'est-ce qui reste au poète si « la chair est triste » et s'il a « lu tous les livres »? Comment traduisez-vous la première partie du deuxième vers? A quel mode sont les verbes? Expliquez l'emploi de ce mode. Quel effet cet emploi produit-il? Où le poète veut-il fuir? Quel est le sens de ce « là-bas »? Quel est le contraire de « là-bas »? Pourquoi le poète dit-il qu'il « sent » que des oiseaux sont ivres au lieu de dire qu'il le « sait »? Qu'est-ce que l'oiseau représente ici? Qu'est-ce qui caractérise le mouvement d'un oiseau comparé au mouvement de l'homme? Le poète croit-il que les oiseaux sont vraiment « ivres »? Quand les oiseaux sont-ils parmi l'écume et les cieux? Pourquoi l'écume est-elle « inconnue »? Pourquoi « écume » plutôt que « mer »? Que remarquez-vous sur la ponctuation des trois premiers vers? Quel est l'effet de cette ponctuation?

VERS QUATRE A HUIT   Rétablissez les vers quatre à huit dans l'ordre normal en prose. Quel est le sujet de la phrase? Quel est le verbe? Quelle est la fonction des trois groupes de mots qui commencent par « ni » par rapport au mot « rien »? Qu'est-ce qui ne retiendra pas le cœur du poète? Quelles précisions le poète donne-t-il sur cette réponse? Est-ce que le cœur du poète « se trempe » réellement dans la mer? Alors, quel est le sens de l'image? La mer représente deux choses pour le poète; lesquelles? Le poète a-t-il déjà fait référence à la mer? Où? « Les vieux jardins » seront-ils capables de retenir le poète? Qu'est-ce que les vieux jardins représentent pour lui? Quels vieux jardins? Dans quel sens sont-ils « vieux »? Par quels yeux les vieux jardins sont-ils reflétés? Expliquez l'image. Expliquez l'interjection « O nuits! » au début du sixième vers. Quelle émotion exprime-t-elle? De quelles nuits le poète parle-t-il? Si vous considérez ce qui suit immédiatement, qu'est-ce que les nuits représentent pour lui? Comment le poète décrit-il la lumière de sa lampe? Quand le poète employait-il sa lampe et du papier? Pourquoi la clarté de la lampe est-elle « déserte »? Qu'est-ce que cet adjectif exprime? Pourquoi le papier du poète est-il « vide »? Comment la blancheur peut-elle « défendre » un morceau de papier? Qu'est-ce qui vous arrive quand vous vous mettez devant un morceau de papier si vous avez un devoir particulièrement difficile à préparer? Quel serait le devoir du poète? Est-ce un devoir difficile? La jeune femme pourra-t-elle retenir le poète? La forme « Et ni » est-elle commune? Pourquoi est-elle employée? De quelle jeune femme parle-t-il? Et de quel enfant? Pourquoi le poète décrit-il la jeune femme en train d'allaiter son enfant? Est-ce une scène normalement émouvante? Et pour le poète? Résumez les trois catégories de choses, de personnes ou d'activités qui ne pourront retenir le poète. Relisez les vers quatre à huit. Combien de fois le poète emploie-t-il des mots qui expriment soit l'absence soit une négation? Pourquoi? Et avec quel effet?

VERS NEUF ET DIX   Comparez le début de ce vers au début du deuxième vers. Ce vers semble-t-il plus résolu? Expliquez votre réponse. Pourquoi le poète emploie-t-il ici le mot « Steamer »? A quelle langue ce mot appartient-il? Quel est l'effet de son emploi ici? Pourquoi un *steamer* balance-t-il sa mâture? Que rappelle ce mouvement? Pourquoi le poète emploie-t-il la forme familière pour s'adresser au *steamer*? A quel mode est le verbe du vers dix? Qu'indique cela sur l'attitude du poète? Où le poète veut-il que le *steamer* aille? Pourquoi choisit-il une « exotique » nature? Quel mot du deuxième vers ceci vous rappelle-t-il? Pourquoi le poète ne précise-t-il pas davantage la destination du *steamer*?

VERS ONZE ET DOUZE   Quel est le sens du mot « Ennui »? Pourquoi la majuscule? Est-ce qu'un ennui peut être « désolé » ou est-ce qu'un ennui peut « croire » à quoi que ce soit? Alors, de quoi le poète parle-t-il? Comment un espoir peut-il être « cruel »? De quels espoirs s'agit-il ici? Figurez-vous l'adieu des mouchoirs. A quelle scène le poète pense-t-il? Quel est le sens de l'expression « l'adieu suprême »? Précisez le sens de l'adjectif. Si l'on croit à l'adieu des mouchoirs, qu'est-ce que cela indique? Quel est l'importance de l'adverbe « encore »? Quel rôle la ponctuation joue-t-elle dans les quatre derniers vers?

VERS TREIZE ET QUATORZE   Quel effet le mot « Et » produit-il au début du treizième vers? Est-ce qu'il a l'air de présenter une idée importante? Pourquoi le poète emploie-t-il le mot « peut-être »? Qu'est-ce que les mâts représentent ici pour le poète? Est-ce qu'il a déjà employé une forme de ce mot? Et est-ce qu'il emploiera ce mot encore dans le poème? Pourquoi cette répétition? Qu'est-ce qu'elle indique sur l'attitude du poète envers les mâts? Est-ce que les mâts peuvent « inviter » les orages? Quelle partie d'un orage peuvent-ils inviter? Pourquoi le poète emploie-t-il cette expression? S'attend-il à ce que sa tentative d'évasion réussisse? Expliquez la structure grammaticale de « sont-ils ». Pourquoi l'emploi de l'inversion? Imaginez la scène dont parle le poète ici : c'est-à-dire le vent qui penche les mâts sur les naufrages. Pourquoi la forme plurielle pour « naufrages »? Pourquoi l'article défini « les » plutôt que « des » naufrages? Qu'est-ce que cela indique sur les chances de naufrage qui accompagnent toute tentative de fuite?

VERS QUINZE ET SEIZE   Comment les vers treize, quatorze et quinze sont-ils liés? Cela est-il significatif? Quel substantif l'adjectif « perdus » qualifie-t-il? Expliquez le sens de l'expression. Pourquoi le poète répète-t-il les mots « sans mâts »? Quel effet cette répétition produit-elle? Quelle impossibilité souligne-t-elle? Quelle autre expression déjà employée dans le poème l'image des « fertiles îlots » rappelle-t-elle? Quelle scène évoquent de « fertiles îlots »? De quelle autre façon ces îlots pourraient-ils être « fertiles » pour le poète? Pourquoi? Expliquez l'effet de la ponctuation à la fin de ce vers. Le mot « Mais » indique quelle attitude chez le poète envers ce qu'il vient de mentionner? Pourquoi le poète s'adresse-t-il ici à son cœur? Peut-il entendre

« le chant des matelots » autrement? De quels matelots s'agit-il ici? De quel chant? Quelle semble être la dernière attitude exprimée par le poète? A-t-il pris une décision? Laquelle?

Conclusion

Tracez le mouvement du poème. Comment le poète a-t-il réussi à évoquer les charmes et le pouvoir qu'exerce sur lui l'idée de l'évasion, tout en soulignant les dangers et les doutes qui accompagnent ce désir de s'évader? Quelles images dominent le poème, prenant une valeur symbolique? De quoi le poète veut-il vraiment s'évader? Quelle est le rapport entre le titre et le poème?

✑ Le Tombeau d'Edgar Poe

Poe était plus apprécié en France qu'aux Etats-Unis et grandement admiré par Baudelaire et Mallarmé.

L'incompréhension du public à laquelle Poe s'était heurté était un phénomène que Mallarmé connaissait bien personnellement. Ce tombeau ou poème à la gloire de Poe est aussi un poème à la gloire du poète.

Tel qu'en Lui-même enfin l'éternité le
   change,
Le Poète suscite ° avec un glaive ° nu   arouses sword
Son siècle épouvanté de n'avoir pas connu
Que la mort triomphait dans cette voix
   étrange!

Eux, comme un vil sursaut ° d'hydre oyant °   recoiling hearing
   jadis ° l'ange   (arch.)
                                               in days gone by
Donner un sens plus pur aux mots de la
   tribu
Proclamèrent très haut le sortilège ° bu   magic
Dans le flot ° sans honneur de quelque noir   flow
   mélange.

Du sol et de la nue ° hostiles, ô grief ° !   sky (poet.)
                                                 struggle
Si notre idée avec ne sculpte un bas-relief   (rare)
Dont la tombe de Poe éblouissante ° s'orne   dazzling

Calme bloc ici-bas chu ° d'un désastre ob-   fallen (*rare*)
    scur
Que ce granit du moins montre à jamais sa
    borne °   limit
Aux noirs vols du Blasphème épars ° dans   scattered
    le futur.

ह Ecrit en 1876; publié pour la première fois dans
   Edgar Allan Poe : A Memorial Volume, Baltimore,
   Turnbull Brothers, 1877.

QUESTIONS

Situation

Dans quel recueil ce poème a-t-il été publié? A quelle date?

Forme

Quelle sorte de poème est-ce? Quelle sorte de vers le poète emploie-t-il? Quelle est la disposition des rimes? Quels enjambements trouvez-vous?

Sujet

Quelle sorte de tombeau Mallarmé érige-t-il à Poe?

Analyse

PREMIER QUATRAIN   Que forme tout le premier quatrain du poème? Quelle est la proposition principale de ce quatrain? Quel en est le sujet? Quelle est la fonction du premier vers par rapport à ce sujet? Quel serait l'ordre normal en prose du premier vers? Quel en est le sujet? Quel est le verbe? Quelle est la signification du substantif « éternité » ici? Qui est-ce que l'éternité change? Comment l'éternité peut-elle changer une personne? En quoi le change-t-elle? Est-ce qu'il n'était pas déjà « Lui-même »? Pourquoi « Lui-même » est-il écrit avec majuscule? Quelle est la valeur de l'adverbe « enfin » ici? Pourquoi « Poète » est-il écrit avec une majuscule? De quel poète s'agit-il ici? S'agit-il seulement de Poe, ou s'agit-il de tous les poètes, y compris Mallarmé? Cherchez dans votre dictionnaire français ce que le verbe « susciter » veut dire. Pourquoi et comment Mallarmé l'emploie-t-il ici? Quelle est la fonction du poète? Et de la poésie? En quoi consiste alors l'action de susciter? Le poète suscite « avec un glaive nu ». L'expression vous surprend-elle? Comment l'emploi de cette métaphore éclaire-t-il la fonction du poète? Qu'est-ce que le poète suscite? Que faut-il comprendre

141

par « son siècle »? Pourquoi son siècle est-il « épouvanté »? Quel est le sens du participe passé « connu » ici? Est-ce que Poe a été apprécié par ses contemporains? Dans quel sens la mort a-t-elle triomphé dans la voix de Poe? Avec quel mot du premier vers le mot « mort » a-t-il un rapport? Que connaissez-vous de la poésie de Poe? Qu'est-ce qui hante l'imagination de Poe? Dans quel sens la voix de Poe est-elle changée? Quels sons dominent la strophe? Avec quel effet?

SECOND QUATRAIN   Comme le premier quatrain, que forme tout ce deuxième quatrain? Quel est le verbe principal? Quel est le sujet de ce verbe? Quelle particularité grammaticale remarquez-vous dans ce sujet? Qu'indique-t-elle? Où ce sujet est-il placé? Quel est son antécedent? Qu'est-ce qu'une hydre? Combien de têtes une hydre a-t-elle? Pourquoi s'agit-il ici d'un « vil sursaut d'hydre »? Dans cette comparaison l'hydre est comparée à qui? Dans quel sens les contemporains de Poe ressemblent-ils à une hydre? Quelle image du premier quatrain l'ange terrassant l'hydre rappelle-t-il? A qui l'ange est-il comparé? Quelle est la fonction de l'ange? Qu'est-ce que les « mots de la tribu »? Est-ce seulement l'ange qui peut donner « un sens plus pur » aux mots de la tribu? Quel est le rôle du poète? Qui a proclamé très haut « le sortilège bu »? De quel sortilège s'agit-il ici? Où a-t-on accusé Poe de puiser son inspiration? Pourquoi ce flot serait-il « sans honneur »? Est-ce que l'alcool est noir? Alors, pourquoi Mallarmé emploie-t-il cet adjectif ici? Comment l'adjectif aide-t-il à évoquer l'attitude des contemporains de Poe?

PREMIER TERCET   Que forment les deux tercets? Quelle antithèse trouvez-vous dans ce premier vers? Qu-est-ce que le sol? Qu'est que la nue? Quelles caractéristiques humaines le sol et la nue pourraient-ils représenter? Ces caractéristiques sont-elles particulièrement importantes chez le poète? Comment comprendre l'adjectif « hostiles » alors? Ce vers pourrait-il aussi s'appliquer à l'ange et à l'hydre? Comment cette interprétation affecterait-elle le rapport du poète et de la foule? Quel est le sens précis du mot « grief » ici? De quel grief s'agit-il? Appréciez la valeur de l'exclamation. Quel sentiment traduit-elle? Quel est le ton de ce premier vers? A qui appartient l' « idée » du deuxième vers? Qu'est-ce qu'un bas-relief? Avec quoi s'agit-il de sculpter un bas-relief? Rétablissez l'ordre normal du troisième vers en prose. Pourquoi ce bas-relief sera-t-il sculpté? L'adjectif « éblouissante » modifie la tombe; qualifie-t-il aussi autre chose par extension? Pouvez-vous expliquer la métaphore du bas-relief ornant la tombe? Voyez-vous un rapport entre cette métaphore et le titre du sonnet?

SECOND TERCET   A quel mot du vers précédent « bloc » est-il en apposition? Pourquoi ce bloc est-il « calme »? Quel mot du premier vers s'oppose à « calme »? Quel rapport y a-t-il entre les deux? D'où vient ce bloc? De quelle sorte de « désastre obscur » s'agit-il? Où ce désastre a-t-il eu lieu? Est-ce en opposition à « ici-bas »? Comparez ce premier vers à celui du premier tercet. Qu'est-ce que « désastre » voudrait dire pour vous? Mallarmé nous parle-t-il ici seulement d'un phénomène naturel? Qui ou que ce premier vers peut-il aussi représenter? Quelle interprétation est alors continuée? Quelle vue du poète offre-t-elle? A quel mode est le verbe du deuxième vers? Quel est le rapport entre ce vers et le deuxième vers du premier tercet? Quel est « ce granit »? Quelle est la propriété du granit? Comment est-il formé? Quelles transformations le granit subit-il? Comparez ces transformations avec celles que subissent la vie ou l'œuvre du poète. Quels rapports y voyez-vous? Qu'est-ce qu'une borne? Le poète emploie-t-il le mot ici dans un sens concret ou abstrait? Néanmoins, de quoi est faite une vraie borne? A quoi le granit doit-il montrer sa borne? Que veut dire « blasphémer »? Quel idée du second quatrain ce dernier vers reprend-il? Comment cette idée est-elle élargie ici? Qu'est-ce qu'elle indique sur ce que Mallarmé pense des rapports du poète et du public? Quelles seront en résumé les deux fonctions du « tombeau » du poète? Pouvez-vous expliquer la métaphore du tombeau? Quel est le ton de ce deuxième tercet?

Conclusion

S'agit-il ici simplement d'un poème en l'honneur de Poe? Que pensez-vous des images et métaphores employées ici? Pourquoi le poème est-il délibérément difficile? Quelle est selon Mallarmé la fonction du poète? Est-il un être spécial? A quoi doit-il s'attendre de la part du public? Cela doit-il affecter son œuvre ou sa vie? A-t-il besoin de se justifier?

prose

✒§ Aube[1]

J'ai embrassé l'aube d'été.

Rien ne bougeait encore au front des palais.
L'eau était morte. Les camps d'ombres ne quittaient pas la route du bois. J'ai marché, réveillant
5 les haleines vives et tièdes; ° et les pierreries °   tepid   precious
regardèrent, et les ailes se levèrent sans bruit.   stones

La première entreprise fut, dans le sentier °   path
déjà empli ° de frais et blêmes ° éclats, une fleur   filled   pallid
qui me dit son nom.

10 Je ris au wasserfall ° blond qui s'échevela à   waterfall (*Ger.*)
travers les sapins : à la cime ° argentée je recon-   summit
nus la déesse. °   goddess

Alors je levai un à un les voiles. Dans l'allée, °   lane
en agitant les bras. Par la plaine, où je l'ai dé-
15 noncée au coq. A la grand'ville, elle fuyait parmi
les clochers et les dômes; et, courant comme un
mendiant ° sur les quais de marbre, je la chassais.   beggar

En haut de la route, près d'un bois de lau-
riers, je l'ai entourée avec ses voiles amassés, et
20 j'ai senti un peu son immense corps. L'aube et
l'enfant tombèrent au bas du bois.

Au réveil, il était midi.

ᔰ *Les Illuminations* (*1886*); écrit vers 1872.

---

[1] Dawn.

QUESTIONS

Situation

Dans quel recueil ce petit poème a-t-il paru? A quelle date? Quel âge l'auteur avait-il, à peu près, lorsqu'il écrivit ce poème?

Forme

Sous quelle forme le poème se présente-t-il? Quelle est la structure de ses phrases? En quoi sont-elles poétiques : par leur langage, leur rythme, leur structure, leurs images, l'idée qu'elles présentent, leur conception même?

Sujet

Comment cette évocation de l'aube dépasse-t-elle une simple description?

Analyse

LIGNE UN   Qui parle? A quelle personne? Quelle est la structure de la première phrase? A quel temps est le verbe? Qu'est-ce que cela indique? Est-ce que l'on peut embrasser l'aube? Quel est le sens du verbe ici? Quelle est la différence entre l'aube d'été et l'aube d'hiver? Pourquoi le poète choisit-il l'aube d'été?

LIGNES DEUX A SIX   Etudiez le rythme de la première phrase. Comment le poète crée-t-il une impression de lenteur? Quel est le temps du verbe? Pourquoi ce temps? Est-ce qu'on parle normalement du « front » des palais? Quelle impression ce substantif crée-t-il? De quels « palais » s'agit-il ici? Qu'est-ce qui pourrait bouger au front de ces palais? Qu'est-ce que le poète entend par la phrase « l'eau était morte »? Pourquoi emploie-t-il cet adjectif? Quel effet cette courte phrase crée-t-elle? Expliquez l'expression « les camps d'ombre ». Où l'ombre se trouve-t-elle? Qu'est-ce qui peut la produire? Par quoi la route peut-elle être bordée? Qu'est-ce qu'il y a d'intéressant dans l'emploi du verbe « quittaient » ici? Comment cet emploi influence-t-il votre vision des « camps d'ombre »? Imaginez la scène que décrit le poète. Comment le début de la phrase suivante contraste-t-il avec cette scène? A quel temps est le verbe? Pourquoi est-il à ce temps? Qu'a fait le poète en marchant? Comment réveille-t-on une haleine? A quoi ce substantif s'applique-t-il normalement? Expliquez son emploi ici : de quelles « haleines » s'agit-il? Qu'est-ce que les adjectifs « vives et tièdes » ajoutent à l'idée d'haleine? Quel est le sens propre du substantif « pierreries »? Et au sens figuré, que veut-il dire ici? Pourquoi le poète emploie-t-il ce mot ici? Pour désigner quoi? Avec quel effet? Est-ce que ces « pierreries » peuvent regarder? Alors, que veut dire cette expression? Qu'est-ce qu'elle indique sur l'imagination du poète et sur son attitude envers la scène qu'il observe? Pourquoi n'a-t-il pas dit « me » regardèrent? Quel est le rôle du poète dans l'aube : est-il simplement spectateur ou a-t-il l'impression de susciter et de participer à l'aube qu'il décrit? Que faut-il comprendre par « les ailes » qui se levèrent? Que désignent ces ailes? Pourquoi se levèrent-elles sans bruit? Résumez ce paragraphe. Quel rôle le poète y joue-t-il? Quel est le ton du paragraphe et l'impression générale qu'il crée?

LIGNES SEPT A NEUF   Qu'est-ce qu'une entreprise? Qui est responsable de cette entreprise, celui qui parle ou la fleur? Où cette entreprise a-t-elle eu lieu? Comment la description du sentier diffère-t-elle des descriptions du paragraphe précédent? Qu'est-ce qu'un frais éclat? Qu'est-ce qu'un blême éclat? De quelle sorte d'éclat s'agit-il? Est-ce qu'une fleur peut parler? Quel rapport ceci indique-t-il entre le poète et la fleur? A qui dit-on son nom? Quelle est l'importance de savoir le nom de quelqu'un ou de quelque chose? Quel effet cette description de la fleur produit-elle? Est-ce que le poète est actif ou passif ici?

LIGNES DIX A DOUZE   Quel est le temps du premier verbe? Pourquoi le poète rit-il? Faut-il prendre ce verbe au sens propre? Quelle émotion ce verbe produit-il? Qu'est-ce qu'un *wasserfall*? Est-ce un mot français? Pourquoi le poète emploie-t-il ce substantif? A-t-il une valeur d'onomatopée? Est-ce qu'on parle normalement d'un « wasserfall blond »? Quelle sorte d'adjectif emploie-t-on d'habitude? Quel effet l'adjectif « blond » crée-t-il? Quelle image déjà employée le verbe « s'échevela » reprend-il? Quelle est la couleur normale des sapins? De quelle « cime » s'agit-il? Pourquoi faut-il qu'il y ait une cime ici? Pourquoi la cime est-elle « argentée »? Quelles couleurs dominent ce paragraphe? Voyez-vous une progression entre ce paragraphe et le paragraphe précédent? De quelle « déesse » est-il question ici, une déesse réelle? Est-ce que le mot « déesse » prend ici une valeur symbolique? Laquelle?

LIGNES TREIZE A DIX-SEPT   Quel est le temps du verbe de la première phrase? Qu'est-ce que l'emploi de ce temps continue? Quelle est la fonction du mot « Alors »? Des « voiles » de qui ou de quoi s'agit-il? Que représentent ces voiles? Qu'est-ce que le poète tente de faire en levant ces voiles? Qu'est-ce qui manque à la deuxième phrase? Pouvez-vous le deviner? Qu'est-ce que le sentier est devenu? Qu'est-ce que cela indique? Quelle sorte d'action est décrite? Quelle impression crée-t-elle? Où sommes-nous à la phrase suivante? Encore une fois, qu'est-ce qui manque dans la première partie de cette phrase? Pouvez-vous suppléer à ce manque? Qui le poète a-t-il dénoncée? Quelle est la fonction du coq? A quel temps est le verbe « dénoncer »? Pourquoi? Pourquoi la dénoncer au coq? Qu'est-ce que cela indique de la part de la déesse et de sa part à lui, le poète? Où sommes-nous à la phrase suivante? Qui est « elle »? A quel temps est le verbe « fuir »? Qu'est-ce que cela indique? Pourquoi le poète a-t-il choisi d'indiquer le mouvement par ce verbe? Quelles parties d'une ville les premiers rayons du soleil éclairent-ils tout d'abord? Y a-t-il une autre impression que celle de lumière dans « elle fuyait parmi les clochers et les dômes »? Où est le poète au contraire? Pourquoi court-il? Pourquoi se compare-t-il à un mendiant? Les quais « de marbre » soulignent-ils la réalité ou l'irréalité du cadre? A quel temps est le dernier verbe de ce paragraphe? Que fait le poète dans ce paragraphe? Quelle métaphore emploie-t-il pour le décrire? Quel est l'effet de cette métaphore? Quelle sorte de rapport établit-elle entre le poète et la déesse? Quelle sorte de pouvoir a le poète? Quel est le ton du paragraphe?

LIGNES DIX-HUIT A VINGT ET UN   Comment savez-vous que le poète et la déesse sont sortis de la ville? Pourquoi « en haut de la route »? Avec quoi associe-t-on le laurier? Cette association est-elle à propos ici? A quel temps sont les deux verbes de cette phrase? Pourquoi? Quel rapport y a-t-il entre eux et le premier verbe du poème? Pourquoi les voiles sont-ils « amassés » maintenant? Quel contraste le poète établit-il ici avec le paragraphe précédent? Qu'ajoute « j'ai senti » à « je l'ai entourée »? Du corps de qui s'agit-il ici? Pourquoi employer le mot « corps »? Pourquoi est-il « immense »? Quelle est la valeur de « un peu »? Quelle impossibilité souligne-t-il? Comment la phrase suivante semble-t-elle contredire cette impossibilité? Que suggère-t-elle? Pourquoi « l'aube » et non « la déesse »? Pourquoi « l'enfant » et non « le poète »? Qu'est-ce que le poète décrit ici? Quel est le ton de ce paragraphe? Comparez ce ton avec celui des deuxième, troisième et quatrième paragraphes par exemple. Quel rapport y a-t-il entre le cinquième paragraphe et celui-ci?

LIGNE VINGT-DEUX Que présuppose un réveil? Qui s'est endormie avec le poète? Quel rapport cela suggère-t-il entre les deux? Est-elle encore avec lui au réveil? Comment le poète nous le dit-il?

Conclusion

Le poète décrit-il ou participe-t-il à l'aube? Quelles sortes d'images emploie-t-il? Quel ton l'emploi de la personnification de l'aube donne-t-il au poème? Considérez le rapport que le poète établit avec l'aube. En quoi cette personnification diffère-t-elle des personnifications habituelles? Dans quel monde cette scène est-elle entièrement située? Quel sentiment cette scène crée-t-elle?

PAUL VALÉRY (1871–1945)

❧ *Les Pas*

Ces vues de Valéry sur la poésie devraient vous aider à comprendre
« Les Pas ».

> Dans le poète :
> L'oreille parle,
> La bouche écoute;
> C'est l'intelligence, l'éveil, qui enfante et rêve;
> C'est le sommeil qui voit clair;
> C'est l'image et le phantasme qui regardent;
> C'est le manque et la lacune qui créent.
>
> *Littérature (1929)*

Tes pas, ° enfants de mon silence,   footsteps
Saintement, lentement placés,
Vers le lit de ma vigilance
Procèdent muets et glacés.

Personne pure, ombre divine,
Qu'ils sont doux, tes pas retenus °!   withheld
Dieux!... tous les dons que je devine
Viennent à moi sur ces pieds nus!

Si, de tes lèvres avancées,
Tu prépares pour l'apaiser,
A l'habitant de mes pensées
La nourriture d'un baiser,

Ne hâte pas cet acte tendre,
Douceur d'être et de n'être pas,
Car j'ai vécu de vous attendre,
Et mon cœur n'était que vos pas.

ࣷ *Charmes* (*1922*)

QUESTIONS

Situation

Dans quel recueil ce poème a-t-il été publié? A quelle date?

Forme

Quelle sorte de poème est-ce? Combien a-t-il de strophes? Combien de vers y a-t-il dans chaque strophe? Quelle sorte de vers le poète emploie-t-il? Quelle est la disposition des rimes? Que remarquez-vous sur le choix des rimes?

Sujet

Ce poème aux images sensuelles s'adresse-t-il à une femme?

Analyse

Qui parle? A première vue, à qui s'adresse-t-il? Comment appelle-t-on une œuvre dans laquelle une abstraction est systématiquement personnifiée? Qui sont véritablement les deux personnages de ce poème? Quelle partie du poète le « je » représente-t-il? Que représente le « tu »?

PREMIÈRE STROPHE   A quoi le silence est-il propice? Quelle serait une autre façon d'exprimer « enfants de » dans « enfants de mon silence »? Quelle qualité morale le mot « enfants » évoque-t-il? Quel est l'adjectif possessif de « silence »? Quel est l'adjectif possessif de « pas »? Quelle relation entre le « je » et le « tu » est soulignée dans ce premier vers? Les pas sont-ils réels? Quelle atmosphère le mot « saintement » crée-t-il? A quel vocabulaire le mot « saintement » appartient-il? Trouvez-vous d'autres termes dans le poème qui appartiennent au même vocabulaire? Pourquoi les pas sont-ils « lentement placés »? Le lit dont il s'agit ici, est-il un meuble? Que veut dire l'expression : « le lit de ma vigilance »? Comment cette idée de vigilance complète-t-elle l'idée de silence du premier vers? Quel est le sujet du verbe « procèdent »? Quel effet résulte de la séparation du sujet et du verbe; est-ce accélération ou ralentissement? Quel mot « muets » et « glacés » modifient-ils? Quel autre mot de la strophe l'adjectif « muets » rappelle-t-il? Que suggère l'emploi de ces deux adjectifs? Quelles allitérations avez-vous remarquées dans cette strophe? Quel effet ont-elles?

DEUXIÈME STROPHE Quel rapport y a-t-il entre le premier vers de la première strophe et le premier vers de la deuxième strophe? La progression du premier vers souligne-t-elle une présence concrète ou abstraite? Dans quels sens les pas sont-ils « doux »? Quel serait le contraire de « retenus »? Quelle idée les « pas retenus » suggèrent-ils? Pourquoi le poète aime-t-il le fait qu'ils sont retenus? Quel est le ton du premier mot du troisième vers? Que veut dire « deviner »? Quels « dons » le poète devine-t-il? Quelle est la différence entre les « pas » et les « pieds nus »? Pourquoi les pieds sont-ils nus? Quel vers de la première strophe ce vers rappelle-t-il? Quelles allitérations avez-vous remarquées dans cette strophe? Quel effet ont-elles?

TROISIÈME STROPHE Les pas de la première strophe se sont précisés en pieds dans la deuxième. Quelle autre précision avons-nous maintenant? Rend-elle le rapport plus ou moins intime? Quel est l'effet produit par l'ordre des mots du premier vers? Expliquez la construction grammaticale de cette strophe. Quelle idée est soulignée par le mot « avancées »? Rappelle-t-il des mots des strophes précédentes? Expliquez l'emploi grammatical du pronom objet « l' ». En quoi cet emploi renforce-t-il l'idée d'anticipation? Quel est l'objet direct de « tu prépares »? Pourquoi est-il ainsi séparé du verbe? Qu'est-ce que le poète veut dire par « l'habitant de mes pensées »? Voyez-vous un rapport ou une progression entre « mon silence » et « le lit de ma vigilance » de la première strophe et « l'habitant de mes pensées »? S'agit-il ici d'un baiser ordinaire? En quel sens le baiser apporte-t-il la nourriture? Quelles consonnes dominent la strophe? Avec quel effet?

QUATRIÈME STROPHE Regardez la ponctuation : que forme cette strophe avec la strophe précédente? De quel « acte tendre » s'agit-il dans le premier vers? Pourquoi le poète veut-il prolonger l'attente? Quelle est la fonction grammaticale du deuxième vers par rapport à « acte tendre »? Dans quel sens le « baiser » est-il « douceur d'être »? Dans quel sens est-il douceur « de n'être pas »? Si vous considérez quels sont véritablement les deux personnages de ce poème, quel sens pouvez-vous donner à ce vers? Que remarquez-vous sur la rime des deuxième et quatrième vers? Les deux mots ont-ils le même sens? Quel changement de temps remarquez-vous dans le troisième vers? Pourquoi ce changement? Quel changement de personne est introduit ici? Qu'est-ce que cela indique sur l'attitude du poète? Dans quelle attente a-t-il vécu? Cette attente a-t-elle été passive? Quel temps le poète emploie-t-il dans le quatrième vers? Qu'est-ce que ce temps indique? Que représente le « cœur » dans ce vers? Quel est le rapport entre le cœur et les pas? Comparez le premier et le dernier vers du poème. Comparez les deux premiers et les deux derniers mots du poème. Que remarquez-vous? Quel est l'effet produit par les voyelles de cette strophe?

Conclusion

Comment dans un cadre d'images sensuelles l'auteur décrit-il une phase du processus de la création poétique? Quel est le mouvement du poème? Comment la construction du poème aide-t-elle à renforcer l'idée d'attente? Quels sons dominent le poème? Quel est leur effet?

~ Textes

CHARLES D'ORLÉANS   (1394–1465)

✑ *Le Temps a laissé*
son manteau

Le temps a laissié son manteau
De vent de froidure et de pluye,
Et s'est vestu de broderye
De souleil raiant, cler et beau.

Le temps a laissé son manteau
De vent, de froidure et de pluie,
Et s'est vêtu de broderie,
De soleil rayant, ° clair et beau.

radiant; radiating
(*arch.*)

Il n'y a bête, ni oiseau,
Qu'en ° son jargon ne chante ou crie :
Le temps a laissé son manteau
De vent, de froidure et de pluie.

Qu'... Which in
(*arch.*)

Rivière, fontaine et ruisseau
Portent, en livrée ° jolie,
Gouttes d'argent et d'orfèvrerie, °
Chacun s'habille de nouveau.
Le temps a laissé son manteau.

livery of a servant

jewelry

🐦 *Rondeaux*

JACQUES PRÉVERT (né en 1900)

◦§ Le Message

La porte que quelqu'un a ouverte
La porte que quelqu'un a refermée
La chaise où quelqu'un s'est assis
Le chat que quelqu'un a caressé
Le fruit que quelqu'un a mordu °   bit into
La lettre que quelqu'un a lue
La chaise que quelqu'un a renversée °   upset
La porte que quelqu'un a ouverte
La route où quelqu'un court encore
Le bois que quelqu'un traverse
La rivière où quelqu'un se jette
L'hôpital où quelqu'un est mort

ह Paroles (*1946*)

JACQUES PRÉVERT (né en 1900)

⋙ Familiale

vers libre pas de forme
pas de punctuation
vie continue comme le poème continue

La mère fait du tricot °   fait... knits
Le fils fait la guerre
Elle trouve ça tout naturel la mère   *très gai*
Et le père qu'est-ce qu'il fait le père?
Il fait des affaires °   fait... is in busi-
Sa femme fait du tricot   ness
Son fils la guerre   *desc norm life*
Lui des affaires   *" " comme guerre*
Il trouve ça tout naturel le père   *est norm*
Et le fils et le fils   *by doing so,*
Qu'est-ce qu'il trouve le fils?   *shows us*
Il ne trouve rien absolument rien le fils *that war*
Le fils sa mère fait du tricot son père des *isn't that*
    affaires lui la guerre   *bad*
Quand il aura fini la guerre
Il fera des affaires avec son père
La guerre continue la mère continue elle
    tricote
Le père continue il fait des affaires
Le fils est tué il ne continue plus
Le père et la mère vont au cimetière
Ils trouvent ça tout naturel le père et la
    mère
La vie continue la vie avec tricot la guerre
    les affaires
Les affaires la guerre le tricot la guerre
Les affaires les affaires et les affaires
La vie avec le cimetière.

ॐ *Paroles* (*1946*)

❧ Colloque sentimental

Dans le vieux parc solitaire et glacé,
Deux formes ont tout à l'heure passé.

Leurs yeux sont morts et leurs lèvres sont
    molles, °   slack
Et l'on entend à peine leurs paroles.

Dans le vieux parc solitaire et glacé,
Deux spectres ont évoqué le passé.

— Te souvient-il ° de notre extase ancienne?   te... Do you re-
                                            member
— Pourquoi voulez-vous donc qu'il m'en   (*poet.*)
    souvienne?

— Ton cœur bat-il toujours à mon seul nom?
Toujours vois-tu mon âme en rêve? — Non.

— Ah! les beaux jours de bonheur indicible °   inexpressible
Où nous joignions nos bouches! — C'est pos-
    sible.

— Qu'il était bleu, le ciel, et grand, l'espoir!
— L'espoir a fui, vaincu, vers le ciel noir.

Tels ils marchaient dans les avoines ° fol-   oats
    les, °   wild
Et la nuit seule entendit leurs paroles.

❧ *Fêtes galantes* (*1869*)

JEAN DE LA FONTAINE   (1621–1695)

⸎ Le Loup et l'Agneau

La raison du plus fort est toujours la
meilleure :
Nous l'allons montrer tout à l'heure.

Un Agneau se désaltérait °   *sc... was quenching his thirst*
Dans le courant d'une onde ° pure;   *stream*
Un Loup survient à jeun, ° qui cherchait   *à... with an empty stomach*
aventure
Et que la faim en ces lieux attirait.
« Qui ° te rend si hardi de troubler mon   *What (arch.)*
breuvage °?   *beverage (rare)*
Dit cet animal plein de rage :
Tu seras châtié de ta témérité.
— Sire, répond l'Agneau, que Votre Majesté
Ne se mette pas en colère;
Mais plutôt qu'elle considère
Que je me vas désaltérant °   *me... am quenching my thirst (arch.)*
Dans le courant
Plus de vingt pas au-dessous d'Elle;
Et que par conséquent, en aucune façon,
Je ne puis troubler sa boisson. °   *drink*
— Tu la troubles, reprit ° cette bête cruelle;   *retorted*
Et je sais que de moi tu médis ° l'an passé.   *slandered*
— Comment l'aurais-je fait si je n'étais pas
né?
Reprit l'Agneau, je tette ° encor ma mère.   *nursed by*
— Si ce n'est toi, c'est donc ton frère.
— Je n'en ai point. — C'est donc quel-
qu'un des tiens;

Car vous ne m'épargnez guère,
Vous, vos bergers et vos chiens.
On me l'a dit : il faut que je me venge. »
Là-dessus, ° au fond des forêts
Le Loup l'emporte, et puis le mange,
Sans autre forme de procès. °

Thereupon

Sans... Without
further debate

ॐ *Fables, I (1668)*

PAUL VERLAINE   (1884–1896)

❧ Monsieur Prudhomme[1]

Il est grave : il est maire et père de famille.[2]
Son faux col engloutit ° son oreille. Ses yeux   **faux...** starched
                                                                    collar engulfs
Dans un rêve sans fin flottent, insoucieux,
Et le printemps en fleur sur ses pantoufles °   slippers
    brille.

Que lui fait l'astre d'or, que lui fait la char-
    mille °   bower
Où l'oiseau chante à l'ombre, et que lui font
    les cieux,
Et les prés verts et les gazons silencieux?
Monsieur Prudhomme songe à marier sa fille

Avec monsieur Machin, ° un jeune homme   What's-his-name
    cossu. °   well-off
Il est juste-milieu,° botaniste et pansu. °   middle-of-the-road
                                                              pot-bellied

Quant aux faiseurs de vers, ces vauriens, °   good-for-nothings
    ces maroufles, °   scoundrels

Ces fainéants barbus, ° mal peignés, il les a   **fainéants...** bearded do-nothings
Plus en horreur que son éternal coryza, °   head cold
Et le printemps en fleur brille sur ses pan-
    toufles.

❧ *Poèmes saturniens* (*1863*)

---

[1] Personnage créé par un caricaturiste du dix-neuvième siècle. C'est le petit bourgeois typique qui se prend très au sérieux. Il est de plus stupide et sans humour.
[2] Lisez ce vers à haute voix : il y a un jeu de mots.

VICTOR HUGO   (1802–1885)

⤚§ *Saison des semailles*[1]

Le Soir

C'est le moment crépusculaire.
J'admire, assis sous un portail, °   portal
Ce reste de jour dont s'éclaire
La dernière heure du travail.

Dans les terres, de nuit baignées,
Je contemple, ému, les haillons °   tatters
D'un vieillard qui jette à poignées °   à... by the hand-
La moisson future aux sillons. °   ful
                                                furrows

Sa haute silhouette noire
Domine les profonds labours. °   plowed fields
On sent à quel point il doit croire
A la fuite utile des jours.

Il marche dans la plaine immense,
Va, vient, lance la graine au loin,
Rouvre sa main, et recommence,
Et je médite, obscur témoin,

Pendant que, déployant ses voiles,
L'ombre, où se mêle une rumeur,
Semble élargir jusqu'aux étoiles
Le geste auguste du semeur.

ॐ *Les Chansons des rues et des bois* (*1865*)

---

[1] Sowing.

GUILLAUME APOLLINAIRE   (1880–1918)

⋗§ Automne

Dans le brouillard s'en vont un paysan
    cagneux °   bowlegged
Et son bœuf lentement dans le brouillard
    d'automne
Qui cache les hameaux pauvres et ver-
    gogneux °   ashamed (*rare*)

Et s'en allant là-bas le paysan chantonne
Une chanson d'amour et d'infidélité
Qui parle d'une bague et d'un cœur que
    l'on brise

Oh! l'automne l'automne a fait mourir l'été
Dans le brouillard s'en vont deux silhouettes
    grises

ક્ત Alcools (*1913*)

CHARLES BAUDELAIRE (1821–1867)

✎§ *Les Fenêtres*

Celui qui regarde de dehors à travers une fenêtre ouverte, ne voit jamais autant de choses que celui qui regarde une fenêtre fermée. Il n'est pas d'objet plus profond, plus mystérieux, plus fécond,° plus téné-
5 breux,° plus éblouissant° qu'une fenêtre éclairée d'une chandelle. Ce qu'on peut voir au soleil est tou-jours moins intéressant que ce qui se passe derrière une vitre.° Dans ce trou noir ou lumineux vit la vie, rêve la vie, souffre la vie.

10 Par delà des vagues de toits, j'aperçois une femme mûre, ridée° déjà, pauvre, toujours penchée sur quel-que chose, et qui ne sort jamais. Avec son visage, avec son vêtement, avec son geste, avec presque rien, j'ai refait l'histoire de cette femme, ou plutôt sa légende,
15 et quelquefois je me la raconte à moi-même en pleu-rant.

Si c'eût été° un pauvre vieux homme, j'aurais refait la sienne tout aussi aisément.

Et je me couche, fier d'avoir vécu et souffert dans
20 d'autres que moi-même.

Peut-être me direz-vous : « Es-tu sûr que cette légende soit la vraie? » Qu'importe ce que peut être la réalité placée hors de moi, si elle m'a aidé à vivre, à sentir que je suis et ce que je suis?

fruitful

sombre   dazzling

pane

wrinkled

si... had it been

ষ‍ *Le Spleen de Paris* (*1869*)

ROBERT DESNOS   (1900–1945)

✑ *Le Dernier Poème*

Voici la dernière version du « Poème à la mystérieuse ». Desnos, mourant,
la récita dans un camp de concentration à un jeune étudiant.

> J'ai rêvé tellement fort de toi,
> J'ai tellement marché, tellement parlé,
> Tellement aimé ton ombre,
> Qu'il ne me reste plus rien de toi.
>
> Il me reste d'être l'ombre parmi les ombres
> D'être cent fois plus ombre que l'ombre
> D'être l'ombre qui viendra et reviendra
> dans ta vie ensoleillée.

✑ (*1945*)

CHARLES BAUDELAIRE (1821–1867)

᷒ Recueillement

Sois sage, ° ô ma Douleur, et tiens-toi plus   good
    tranquille. °   tiens... keep still
Tu réclamais le Soir; il descend; le voici :
Une atmosphère obscure enveloppe la ville,
Aux uns portant la paix, aux autres le souci.

Pendant que des mortels la multitude vile,
Sous le fouet ° du Plaisir, ce bourreau ° sans   whip   tormentor
    merci, °   mercy
Va cueillir des remords dans la fête servile,
Ma Douleur, donne-moi la main; viens par
    ici,

Loin d'eux. Vois se pencher les défuntes
    Années,
Sur les balcons du ciel, en robes surannées; °   old-fashioned
Surgir du fond des eaux le Regret souriant;

Le Soleil moribond s'endormir sous une
    arche,[1]
Et, comme un long linceul ° traînant à   shroud
    l'Orient,
Entends, ma chère, entends la douce Nuit
    qui marche.

᷒ *Nouvelles Fleurs du mal* (*1866*)

---

[1] Une arche d'un des ponts sur la Seine.

Index of Authors and Titles